# ÉMILE SINOIR

# De l'Éducation des Garçons

# dans la Démocratie

LAVAL
IMPRIMERIE-LIBRAIRIE GOUPIL
1902

ÉMILE SINOIR

# De l'Éducation des Garçons dans la Démocratie

LAVAL
IMPRIMERIE-LIBRAIRIE GOUPIL
1902.

*Ces trois Conférences ont été données à
l'Hôtel de Ville de Laval, les Dimanches 2,
9 et 23 Mars 1902.*

# PREMIÈRE CONFÉRENCE

## Dans le Tiers État

Mesdames, Messieurs,

Nous nous sommes fait uné douce habitude de nous réunir dans ces conférences pour examiner des questions qui importent au progrès et au bonheur de la société dans laquelle nous vivons.

Déjà nous avons étudié ensemble les principes du gouvernement républicain, la liberté, l'égalité, la fraternité, et les vertus publiques sans lesquelles une démocratie ne saurait subsister : l'amour de la patrie, de l'égalité et de la frugalité.

Nous nous sommes efforcés de préciser ces notions générales afin de mieux connaître la ligne de conduite que nous devons suivre pour rester fidèles à cet esprit républicain qui a déjà accompli tant de grandes choses parmi nous, dont nous sommes justement fiers, dans lequel enfin nous avons mis toutes nos espérances.

Peut-être n'était-il pas besoin de si longs discours pour prouver que l'avenir d'un pays libre dépend de la valeur morale de ses citoyens.

Peut-être aussi n'était-il pas hors de saison de le rappeler. A vrai dire le portrait que nous tracions du parfait républicain était idéal. Mais il nous semblait qu'entre cet idéal et la réalité la distance devrait être moins grande. Nous avions cru remarquer dans le train du monde où nous vivons des allures trop peu différentes de celles que prennent naturellement les sociétés qui font litière de l'égalité et n'estiment la liberté que sous la forme restreinte du privilège.

Là-dessus, quelques-uns se récrièrent, et non des moins autorisés. Leur bienveillance rendit justice à la sincérité du conférencier, mais ils blâmèrent son pessimisme.

Un très ardent désir de contribuer pour ma petite part, si petite qu'elle soit, au bien public, m'avait seul inspiré ces pressentiments que l'on trouvait fâcheux. Quand on ne recule pas devant la nécessité d'agir, quand on se sent prêt à l'effort, on a peut-être le droit de signaler le danger, sans encourir le reproche de semer le découragement.

Depuis lors, les événements ont continué de marcher ; les esprits font de même. Ceux qui ont des oreilles pour entendre et des yeux pour voir n'ont qu'à écouter et qu'à regarder. Ne vous paraît-il pas que plus on écoute, plus on regarde, plus on a ce sentiment que la société où nous sommes craque et gémit comme un navire trop vieux dans une tourmente ; qu'un malaise général nous étreint et qu'enfin quelque chose de nouveau se prépare ?

Est-ce l'enfantement laborieux d'un siècle de justice et de bonheur social ? Plusieurs le croient ; tous n'oseraient pas l'affirmer. Mais il faudrait avoir une foi bien robuste dans le *statu quo* pour ne pas s'apercevoir qu'un grand changement est imminent.

Tout annonce que vos fils seront les acteurs d'un drame qui finira par le dénouement de cette même crise sociale dont nous souffrons.

Dans cette action décisive, dont nous aurons préparé, combiné, accumulé les éléments par tout ce que nous faisons de bien, de médiocre ou de mauvais : initiatives heureuses ou malheureuses, sages progrès ou coupables retards, précipitations, lenteurs, préjugés, utopies, vices et vertus de toutes sortes, quel sera le rôle de nos enfants, sinon celui auquel nous les aurons dressés ? Les idées que nous aurons semées et développées dans leurs jeunes cerveaux, les habitudes de pensée et d'action qu'ils auront contractées à notre école, la conception du monde qu'ils se seront faite d'après nos enseignements et nos exemples détermineront surtout l'orientation de leur conduite publique et privée. Ils seront ce que nous les aurons faits ; et c'est pourquoi le problème de l'éducation prend aujourd'hui une importance extrême, car l'avenir en dépend. « La question de l'éducation, a dit Renan, est pour les sociétés modernes une question de vie ou de mort (1). »

*<br>* *

C'est cette question capitale que je voudrais étudier ici. Elle arrive à sa place après les théories générales des gouvernements et des tendances morales qui les inspirent et qu'ils reflètent.

Nul ne peut donc se désintéresser du sujet qui va nous occuper. « C'est en effet », dit encore un de nos philosophes contemporains qui a traité cette matière avec le plus d'élévation et de délicatesse, « c'est sous la forme raccourcie du problème de « l'éducation, le problème de la destinée humaine « qui se pose aux pères étonnés d'avoir à le résou-

(1) RENAN, *La part de la Famille et de l'État dans l'éducation.*

« dre, et ceux-mêmes qui ne s'interrogeaient pas
« sur le sens de la vie qu'ils vivent s'interrogent sur
« celui de la vie qu'ils viennent de donner (1). »

Je voudrais apporter dans cette étude la même
liberté d'esprit et de langage dont j'ai usé dans nos
autres entretiens. Le sujet est plus délicat, puisqu'il
touche à la vie intime de la famille, aux droits et
aux devoirs sacrés de la paternité. Je l'aborde avec
un religieux respect, mais aussi avec la conviction
profonde que là est le principe du mal social. Je
crois que notre éducation publique n'est pas ce
qu'elle devrait être, et je voudrais qu'il me fût permis de dire très franchement ce qui me paraît lui
manquer. Une assez longue expérience de la jeunesse, des circonstances particulières, grâce aux-
quelles j'ai pu étudier de près non seulement nos
petits bourgeois, mais aussi nos petits ouvriers, et
même nos apprentis vagabonds, l'irrésistible besoin
de collaborer au progrès, comme un travailleur
obscur mais rempli de bonne volonté, enfin et
surtout cette bienveillance à laquelle vous m'avez
accoutumé, voilà, Mesdames et Messieurs, ce qui
m'encourage et me décide à vous livrer, pour ce
qu'elles valent, mes réflexions personnelles sur
l'éducation des garçons dans la démocratie.

J'étudierai successivement cette éducation dans la
classe riche, dans la classe ouvrière, et dans cette
dernière classe par où le bas de l'échelle se
termine comme par un barreau cassé, la classe des
déclassés. Je dirais volontiers : dans le tiers état,
dans le quatrième état et dans le cinquième état.
Encore qu'un peu surannées, ces dénominations ont
l'avantage de présenter les classes sociales pour ce

(1) R. THAMIN, *Éducation et positivisme,* p. 2.

qu'elles sont réellement : je veux dire, des rouages d'une même grande machine, coordonnés les uns aux autres, agissant et réagissant les uns sur les autres.

Que si l'on s'étonne de ne pas voir figurer dans cette division la caste nobiliaire, je répondrai que dans la société civile, telle que nos institutions modernes l'ont faite, l'idée même de caste a disparu. Fondée sur des privilèges qui n'ont plus leur raison d'être dans notre état social, l'aristocratie de naissance n'est plus parmi nous qu'un monument historique. Et ce n'est pas à dire qu'en perdant sa situation privilégiée, la vieille noblesse de France ait cessé d'avoir droit au respect et à la reconnaissance, mais ses descendants doivent comprendre qu'à l'heure où nous sommes, tout homme ne vaut que par son mérite personnel, par ses qualités propres et par les services qu'il peut rendre. L'idée de privilège n'est pas absolument incompatible avec le principe de l'égalité ; il faut seulement que le privilège serve au bien commun de la nation ou de l'humanité. Et ainsi le tiers état commettrait une erreur nouvelle si, se substituant à la noblesse, il prétendait instituer pour lui-même des privilèges semblables à ceux de l'ancien régime, uniquement destinés à garantir ses avantages particuliers.

Les privilèges de la noblesse étaient légitimés à l'origine par d'indispensables services rendus à la cause publique. Les seigneurs féodaux faisaient la police du royaume et protégeaient les artisans. En revanche ils jouissaient d'immunités nombreuses et de redevances pour l'entretien de leurs châteaux et de leurs gens d'armes. Quand le gouvernement royal fut assez fort pour assurer l'ordre public, le rôle des nobles fut singulièrement diminué. Toutefois, long-temps encore, ils continuèrent d'occuper exclusivement les grades de l'armée. Ils payaient l'impôt du sang ; on les tenait quittes du reste. Mais lorsqu'enfin l'égalité des charges et des droits fut établie pour tous les Français, les antiques privilèges cessèrent et la situation respective des citoyens en fut toute modifiée.

La *classe* remplace la *caste*. La *caste* était fermée, impénétrable ; c'était comme une seconde nature que l'institution sociale infusait à l'homme dès sa naissance ; il en subissait la fatalité, et ne s'en croyait même pas délivré par la mort : le moyen âge a rêvé l'organisation féodale de l'autre monde.

La *classe* est une division sociale qui résulte de la nature des choses. L'égalité parfaite est une chimère. Justement proclamés égaux devant la loi, égaux aussi par les droits imprescriptibles de la personne humaine, les citoyens se distinguent par leurs forces, leurs intelligences, leur moralité, leurs aptitudes, leurs goûts. Et je ne doute pas un seul instant que nous n'arrivions à niveler ces inégalités qui accusent les tâtonnements de la nature encore primitive : tous les hommes, inondés de lumière, rayonneront d'un égal éclat dans le grand jour de la science ; et ce ne seront plus que génies... à moins que ce ne soit l'universelle médiocrité. Mais en attendant que ces beaux rêves se réalisent, il faut bien reconnaître qu'entre des citoyens égaux par leurs droits, il y a d'incontestables inégalités de valeur physique, intellectuelle et morale.

Les positions que nous occupons dans la société sont les résultantes de ces valeurs inégales, et la fortune en est le signe extérieur. Il est vrai que cette fortune matérielle, en passant de ceux qui l'ont acquise par leurs travaux à ceux qui en héritent grâce au hasard de la naissance, perdra sa signification première, si la valeur personnelle des héritiers n'est pas égale à celle des premiers possesseurs. Et ceux qui se hâtent de conclure vont s'élever contre le principe même des héritages comme étant le dernier et le plus criant des abus. Toutefois il faut remarquer que la fortune transmise n'est pas inaliénable ; et quoiqu'elle ne soit pas l'œuvre de celui qui la reçoit, elle ne cesse pas de subir et de refléter l'influence de sa valeur personnelle. Elle va se maintenir, croître ou péricliter, selon que son nouveau maître sera égal, supérieur ou inférieur à celui qui l'a précédé. Les grandes fortunes ne se soutiennent pas longtemps quand elles ne s'appuient ni sur le travail ni sur l'économie. Il ne faut pas une longue patience aux laborieux pour s'enrichir aux dépens de ces grandes maisons que laissent crouler des mains trop faibles ou trop malhabiles.

Ainsi va la justice des choses parmi le monde moderne, pour la consolation et le réconfort de ceux qui momentanément n'ont d'autres valeurs que leurs valeurs intellectuelles et morales. Et quand un système de réformes économiques aussi équitablement conçu que savamment combiné réussirait à supprimer l'inégalité des conditions sociales, on peut se demander si son action serait plus durable et plus sûre que celle de cette justice immanente dont le lent procès permet aux hommes de multiplier leurs actes en un nombre suffisant pour qu'ils ne puissent jamais ni se plaindre d'être les victimes du sort ni se vanter d'en être les favoris.

Voilà donc comment la société démocratique se constitue en deux classes : ceux qui possèdent assez pour vivre sans souci du lendemain ; et ceux qui doivent gagner leur pain de chaque jour.

On voudra bien remarquer au passage le rôle essentiel que joue le *crédit* dans cette répartition des citoyens. Et si ce n'est pas ici le moment d'étudier

le poids que l'usage immodéré de cette invention
économique fait peser sur la classe pauvre, peut-
être n'est-il pas hors de propos de signaler le méfait
social du crédit qui, en se substituant au numéraire,
est si propre à dissimuler l'insuffisance produc-
tive des nouveaux possesseurs de la fortune. Encore
que l'illusion ne puisse beaucoup durer, tout le temps
qu'elle se prolonge, elle crée pour des non-valeurs
un injustifiable privilège au préjudice des vraies
valeurs sociales. Est-ce à dire qu'il faille supprimer
le crédit ? Non certes. Mais il faut l'entourer de pré-
cautions suffisantes pour que l'exploitation des fortunes ne se fasse pas aux dépens de la production
générale, c'est-à-dire, en fin de compte, au détriment des prolétaires. Il fallait aussi — et c'était
un point très important pour notre sujet, — montrer
que le crédit assuré par les pères n'est pas une
valeur qui doive suppléer à l'insuffisance des
enfants.

Au reste, l'incessante circulation de la richesse,
pourvu qu'elle ne soit pas viciée par un crédit abusif
et illusoire, empêche les deux classes de s'immobi-
liser et de se cristalliser en castes irréductibles. Un
mouvement perpétuel, ascendant et descendant,
assure l'échange des valeurs individuelles entre la
classe riche et la classe pauvre.

Il est une autre classification non moins naturelle :
c'est celle qui repose sur la nature des services que
chacun peut rendre à la société. Dans l'état démocratique, la nation se gouverne elle-même ; elle
dispose de ses ressources comme elle le juge bon,
pour les œuvres qui lui plaisent et dans la mesure
qui lui paraît convenable. Elle règle souverainement l'emploi de son temps, de ses forces et de ses
finances. La fin suprême de cet effort collectif c'est
le bien général, l'amélioration de toutes les condi-

tions sociales et la conservation des avantages réalisés. Le principe de ce gouvernement, c'est que tous travaillent au bonheur de chacun; la conséquence immédiate, c'est que chacun doit travailler au bonheur de tous. L'isolement n'est pas possible dans ce régime. Tout citoyen est par sa nature, qu'il le veuille ou non, un élément constitutif du gouvernement lui-même : quoi qu'il fasse ou qu'il ne fasse pas, son action ou son inertie réagit sur tout le corps social. L'indépendance absolue n'existe pas : c'est la servitude et la grandeur démocratique. Nous sommes contraints d'agir, ne serait-ce que pour justifier les avantages personnels dont nous jouissons. Sous un régime égalitaire, toute situation privilégiée doit être légitimée par des services rendus à la communauté. Ces services devenant nuls, le privilège tombe, et la situation acquise devient une usurpation. Il importe beaucoup, Messieurs, de fixer ces notions élémentaires, quand on aborde le problème de l'éducation démocratique ; faute de l'avoir fait, on s'exposerait à commettre les plus grossiers contre-sens, dans un ordre d'idées où toute erreur de doctrine, passant dans l'application, peut devenir un danger.

L'âpre lutte pour la vie a développé dans l'homme le sens individualiste, dont l'égoïsme n'est que la forme la plus choquante. Peu à peu nous avons oublié cette vérité naturelle, que l'homme sans l'homme n'est rien, et que l'état de société est l'état naturel de notre race. L'auteur du *Contrat social* a beaucoup fait pour fausser les idées sur ce point essentiel. Il considère la société comme une sorte de pacte à moitié factice, qui a corrompu l'homme. Il entreprend de rendre à l'homme la pureté de ses mœurs primitives, et ne croit pouvoir y réussir que par un isolement rigoureux. Cette exagération de

l'individualisme est une idée chère au xviii⁰ siècle,
et probablement une conséquence particulière de
la réaction contre le dogme chrétien. Le christianisme, en effet, en proclamant la déchéance de
l'homme, détrône la personnalité humaine; mais il la
relève par la charité, c'est-à-dire par l'amour et par
la solidarité. Nos grands philosophes du xviii⁰ siècle
n'ont pas vu cela. « Les fléaux physiques et les cala-
« mités de la nature, dit Chamfort, ont rendu la
« société nécessaire; la société a ajouté aux mal-
« heurs de la nature. Les inconvénients de la
« société ont amené la nécessité du gouvernement, —
« et le gouvernement ajoute aux malheurs de la
« société. Voilà l'histoire de la nature humaine... »
Disons, pour être justes, que Chamfort avait sous
les yeux une société pervertie par cet individüa-
lisme à outrance, qui s'était développé et comme
hypertrophié dans les cadres de la monarchie,
ainsi que dans une serre chaude, alimenté et surali-
menté par la diffusion de la philosophie cartésienne.

L'homme qui ne vit que pour soi est un transfuge
de la loi morale. Dans une démocratie, il est en ré-
volte ouverte contre la loi sociale : il est inconstitu-
tionnel.

La culture de l'individu ne saurait donc être
l'unique objet de l'éducation et nous ferions fausse
route, courant aux plus graves mécomptes, si nous
ne visions qu'à cette éducation incomplète, erronée
et, pour tout dire, d'un autre âge.

Il faut définir l'activité sociale. C'est celle qui
conçoit, produit, conserve, développe et emploie les
ressources matérielles et morales nécessaires à la
vie, à la prospérité et au progrès de la nation : vie,
prospérité et progrès qui diffèrent de ceux des individus, autant que l'intérêt général se distingue de
l'intérêt privé, et que le rôle de la nation, parmi

les autres nations dont se compose l'humanité, l'emporte en grandeur, en extension et en puissance sur le rôle que peut jouer un homme ordinaire parmi les autres hommes.

Qui n'aperçoit dès lors qu'il y a nécessairement deux modes de l'activité sociale : l'invention et l'exécution ; et conséquemment deux catégories entre lesquelles se répartiront les esprits : ceux qui inventent et ceux qui exécutent? Il arrivera quelquefois que la force et l'habileté se joindront chez quelques-uns à la faculté inventive, et c'est le cas des grands artistes, qui se suffisent à eux-mêmes, et jouissent à cause de cela d'une indépendance relative dans la cité démocratique. Mais le plus ordinairement, les facultés inventives seront le propre des uns, et les autres n'auront que les facultés d'exécution. Je ne prétends pas d'ailleurs que ces dernières doivent être tenues en servage, ni surtout qu'il y ait telle classe prédestinée à l'invention, et telle autre prédestinée à l'exécution. Cela, c'est précisément l'arrogante erreur des esprits aristocratiques. Que Dieu nous en préserve ! Je crois que ces facultés diverses sont susceptibles de culture et d'accroissement. Mais il me semble, et c'est l'idée fondamentale de ces conférences, que cette classification naturelle des esprits s'impose inéluctablement dans l'organisation sociale ; qu'il n'y a d'éducation rationnelle, et je dirai même légitime, que celle qui développe chez chacun les facultés d'invention ou d'exécution qui lui sont propres ; qu'il y va de l'ordre social, et de la vie publique elle-même, de discerner exactement chez l'enfant la nature de ses facultés ; que l'on s'expose à commettre une faute très appréciable en ne tenant pas compte, dans l'éducation, de cette diversité des aptitudes : faute particulièrement grave et redoutable si, par un subterfuge quelconque, sciemment ou non, on introduit dans les fonctions qui exigent l'esprit d'initiative, et par suite le sens de la responsabilité, des hommes qui n'ont et n'auront jamais que ce genre d'activité qui suffit pour exécuter ce qui a été conçu et combiné par d'autres.

Cette faute, faute malheureuse, faute énorme, faute mortelle, nous la commettons tous les jours ; et c'est peut-être pourquoi il y a parmi nous tant de heurts, tant d'à-coups, tant de signes enfin de mécontentements et d'impatiences qui ne sont peut-être pas toujours injustifiés.

*<br>* *

Qu'est-ce qui détermine en effet le choix de l'éducation que nous donnerons à notre enfant ? Le pauvre bébé ne sait seulement pas lire qu'on le coiffe déjà du bicorne de polytechnicien. C'est le rêve des mères, et les poètes trouvent cela très attendrissant. Charmante absurdité, en effet, puisque vous disposez de cette petite personnalité, sans savoir au juste ce qu'elle est, comme le statuaire de la fable en face de son marbre.

> Sera-t-il dieu, table ou cuvette ?
> Il sera dieu : même je veux
> Qu'il ait en sa main un tonnerre !
> Tremblez humains, faites des vœux,
> Voilà le maitre de la terre (1).

Tremblez en effet ! Le petit homme poussera comme il pourra : si les songes maternels viennent se briser contre les tables de logarithmes, il sera toujours bien bachelier, puisqu'il n'est pas idiot et qu'il a de la fortune, ou une bourse, et le temps

(1) La Fontaine, *Fables*, IX, 6.

devant lui. Une fois bachelier, il trouvera toujours une fonction, un fauteuil, un bureau :

> Tremblez humains, faites des vœux,
> Voilà le maître de la terre !

C'est qu'ici, la fonction ne crée pas l'organe. L'homme que la faveur ou l'intrigue ont seules mis en possession d'une place supérieure, s'y montre insuffisant par ses hésitations, ses légèretés, ses maladresses, ses inintelligences ; — ou bien il suit avec obstination les vieux errements, et alors il obstrue le progrès ; sa prudence n'est au fond qu'une routine impuissante ; — ou bien il se jette à l'étourdi dans des innovations dont il ne mesure pas les conséquences, parce qu'il est incapable de comprendre la complexité des intérêts qu'un funeste hasard lui a confiés.

Il importerait souverainement à la chose publique de défendre l'accès des carrières qui intéressent le bien général contre l'invasion de tant d'hommes dont la médiocrité est une cause de ruine ou tout au moins de préjudice pour les affaires qu'ils sont censés diriger.

Il faut des dirigeants ; mais il les faut capables de diriger. La naissance ne suffit pas, ni le costume, ni la fortune, ni même ce léger vernis de manières convenues, par où, dans le monde, les hommes réussissent à se faire illusion les uns aux autres sur leur valeur foncière.

Les vrais dirigeants sont ceux qui sont capables de concevoir le progrès, d'en déterminer l'évolution, de le conduire, de l'activer ou de le ralentir, suivant les aspérités ou les tournants de la route, avec la pleine conscience des responsabilités loyalement et courageusement acceptées.

Or voilà le rôle que le tiers état revendiquait

pour lui-même, il y a quelque cent ans, devant l'impéritie de ceux qui avaient prétendu diriger la nation, en vertu de cet axiome qu'un grand seigneur sait tout sans avoir rien appris.

Le tiers état s'est-il montré, se montre-t-il à son tour plus apte à gouverner que ceux dont il a pris la place?

Il ne s'agit pas ici de comparer les hommes d'État de deux époques différentes. Nous examinons la situation intellectuelle et morale de la société tout entière. Eh bien vraiment, notre bourgeoisie républicaine diffère-t-elle beaucoup de l'aristocratie monarchique du xviii<sup>e</sup> siècle? Il faudrait, je crois, être bien systématiquement optimiste pour la trouver meilleure.

Soyons sincères. N'est-ce pas chez nous le même désir d'arriver à la fortune pour paraître et pour jouir, le même égoïsme féroce, symptôme des civilisations avancées, et qui déjà se gâtent. « *Rem facias*, gagne de l'argent, voilà ce que l'on enseigne à nos jeunes gens », disait Horace avec un sourire découragé :

> ... *Rem facias, rem,*
> *Si possis, recte; si non, quocumque modo rem* (1).

« Les affaires ! fais tes affaires; fais-les honnête-
« ment si tu peux ; si tu ne peux pas, fais-les comme
« tu pourras. »

Nous voulons jouir, et nous voulons paraître. Quant à la vertu, le nom même en est ridicule ; et il faut avoir grande confiance en son auditoire pour oser le prononcer sans crainte de voir des sourires sur les lèvres et des épaules qui se lèvent. *Virtus post nummos* ! l'argent d'abord !

(1) HORACE, *Épîtres* I, 1, v. 65-66.

Or, Mesdames, Messieurs, cette universelle et constante préoccupation du plaisir, de l'ostentation et de la fortune, qui en est le moyen, non seulement elle est l'inspiration la plus commune de la vie mondaine, j'ose dire que c'est elle seule qui la plupart du temps nous guide dans l'éducation que nous donnons à nos enfants.

Je vous supplie de me laisser développer librement cette idée ; elle est l'âme même de cet entretien ; et je crois vraiment que je puis être utile à quelques-uns, en faisant tomber de leurs yeux les écailles qu'une longue coutume y a placées.

Oui, Mesdames, la plupart du temps, ce qui règle l'éducation que nous donnons à nos enfants, dans la classe dite bourgeoise, ce ne sont ni leurs aptitudes, ni leurs goûts, ni le désir d'en faire des hommes utiles, ni de judicieux calculs d'intérêt bien entendu, ce sont les usages du monde, ce sont ses préjugés, c'est la mode.

Il me souvient d'un conte de Voltaire :

M. et Mme Jeannot avaient fait fortune dans les affaires. Ils achetèrent un marquisat, et M. et Mme de la Jeannotière se demandaient ce qu'ils feraient apprendre à Monsieur le marquis, leur fils. Monsieur voulait que son fils apprît le latin ; Madame penchait pour le blason. « Enfin, après avoir examiné le fort et le faible des sciences, il fut décidé que M. le marquis apprendrait à danser. »

Les usages du monde ont cela de bon qu'ils nous dispensent de ces pénibles incertitudes. Tous les petits bourgeois d'aujourd'hui apprennent le latin, la philosophie et l'escrime, comme M. Jourdain, parce que c'est l'usage. Les petits de la Jeannotière apprennent tout cela chez les pères Jésuites, ou chez leurs succédanés, parce qu'ils sont des marquis ; — et ceux qui aspirent à le devenir — qui ne le sont pas encore, mais le seront bientôt — font de même, parce que c'est la mode. — Oh! je n'ignore pas que souvent des convictions très respectables décident du choix de l'établissement; mais tout le monde sait aussi que souvent la mode, c'est-à-dire la vanité, a plus de part que le raisonnement dans ces décisions. La petite bourgeoisie, celle qui n'a pas encore égalé M. Jourdain, se contente de nos lycées, encore que la société y soit bien mêlée.

Voilà donc nos petits Français en route pour le baccalauréat, les uns en première classe, les autres en secondes. C'est le voyage obligatoire pour tout fils de bonne maison, comme le voyage de Bayreuth, ou les bains de mer au mois d'août.

Loin de moi la pensée de médire du baccalauréat. Après tout, quoique bachelier, on peut savoir quelque chose.

Mais, écoutez-moi bien, je vous en prie, et surtout ne vous fâchez pas. Je vous assure que nous touchons ici la lézarde par où manque tout ce bel édifice de l'éducation bourgeoise. Écoutez-moi bien, parce que si vraiment cette éducation n'est qu'une façade, qu'un décor, comment espérer que nos enfants y trouvent cette force morale dont ils vont avoir un si pressant besoin dans la lutte sociale où ils ne tarderont pas à être engagés.

Traitant ici de l'éducation des garçons, j'aurais pu, après tant d'autres, élaborer un programme d'études et discuter, par exemple, sur les mérites respectifs des lettres ou des sciences comme moyen d'éducation. J'aurais cité Spencer, Bain, Huxley, l'abbé Fleury et Mgr Dupanloup. Un ancien ministre de l'instruction publique m'aurait fourni un dithyrambe en l'honneur des sciences (1), et je me

---

(1) M. Berthelot, *La Crise de l'Enseignement secondaire. Revue des Deux Mondes*, 15 mars 1891.

serais très bravement abrité derrière mes chefs de
file pour soutenir la cause des lettres. Voulez-vous
que je vous dise? Je crois qu'au fond, la nature des
programmes importe assez peu. La question principale, c'est de savoir si l'enseignement donné est
reçu. Vous pourrez allonger, raccourcir, remanier
de mille façons les programmes, supprimer le vers
latin, rendre le grec facultatif, ajouter ici les
théorèmes sur le volume de la sphère, enlever au
baccalauréat toute l'histoire de France jusqu'à la
mort de Henri IV. Ne croyez pas que ces grandes
choses influent beaucoup sur l'éducation.

Assurément, il serait de la première importance
de déterminer les matières de l'enseignement
secondaire, si cet enseignement était fait pour
donner à nos enfants des connaissances usuelles.
Mais ce n'est pas du tout cela. L'enseignement
secondaire, où nos enfants séjournent si longtemps
après l'âge où d'autres, moins fortunés, ont dû
commencer à gagner leur vie par le travail de leurs
mains, cet enseignement secondaire ne peut en
aucune façon être un enseignement pratique; et
c'est se tromper de toutes manières que de vouloir
lui donner ce caractère. Il n'est pas nécessaire de
rester sur les bancs de l'école jusqu'à dix-huit ans
pour acquérir la somme des connaissances réputées
usuelles. Mais s'il s'agit de s'initier aux méthodes
par lesquelles se fait le progrès des sciences, ce n'est
guère qu'à cet âge que l'on commence à soupçonner
ce que c'est qu'une méthode, et à apprendre à s'en
servir. La durée des études dites classiques, beaucoup trop longue pour des résultats purement
pratiques, est insuffisante pour préparer l'initia-
tion aux sciences pures. La preuve, c'est que les
examens de nos grandes écoles exigent encore
des années supplémentaires pour leur préparation.

La crainte du baccalauréat est devenue, dans notre société si avancée et si audacieuse, le commencement de la sagesse. Il faut avouer que ce n'en est qu'un bien petit commencement. Le grand malheur, c'est que cet examen final, comme tous les examens limités par des programmes, se prête à la préparation la plus machinale et la plus superficielle que l'on puisse imaginer.

Ainsi se trouve dénaturé, et même complètement anéanti, l'objet propre de l'enseignement secondaire.

Qu'à-t-on cherché dans la société moderne, depuis trois siècles que l'on croit devoir inculquer aux enfants des classes riches les rudiments des langues anciennes, l'admiration des chefs-d'œuvre littéraires, les principes de la philosophie et des sciences ? Qu'a-t-on cherché, sinon à élever les âmes par un commerce prolongé avec les plus illustres penseurs dont s'honore l'humanité ? On a cru, — et l'on a eu bien raison de croire, — que ce genre d'instruction avait en lui-même une vertu éducative; et c'est le bénéfice de ce contact vivifiant que l'on n'a pas craint de payer trop cher en immobilisant tant de jeunes hommes sur les bancs de nos écoles. Dans ces loisirs studieux devaient se former des esprits largement ouverts aux idées impulsives de l'humanité, des caractères fortement trempés, des consciences droites, des cœurs généreux. Les lettres et les sciences, ces résultats divins du labeur des hommes, pouvaient accomplir ces heureuses transformations : l'enfant croissait en sagesse à mesure qu'il avançait dans ses études. On apprenait avec Homère le respect des nobles causes, des nobles actions et des nobles douleurs. Les adieux si touchants d'Hector et d'Andromaque mettaient des larmes dans les yeux : une fois dans ma vie, j'ai vu un jeune homme s'arrêter dans la lecture de ces vers si profondément humains, gagné par l'émotion, et ne pouvant plus lire. Eschyle éveillait dans nos jeunes cœurs l'amour viril de la patrie : on applaudissait cette *Marseillaise* de la Grèce héroïque :

Ὦ παῖδες Ἑλλήνων, ἴτε,
ἐλευθεροῦτε πατρίδ', ἐλευθεροῦτε δὲ
παῖδας, γυναῖκας, θεῶν τε πατρῴων ἕδη,
θήκας τε προγόνων· νῦν ὑπὲρ πάντων ἀγών (1).

« Allez, enfants des Hellènes, délivrez votre « patrie, délivrez vos enfants, vos femmes, et les « temples des dieux de vos pères, et les tombeaux « de vos ancêtres : le jour du grand combat est « arrivé ! » Et Socrate nous enseignait l'art de tomber avec grâce pour le triomphe de la justice et de la vérité ; — et Virgile nous disait l'immense pitié des choses humaines, tandis que le mystérieux trouvère évoquait à nos yeux charmés l'image de la douce France, si belle en sa jeunesse et sa virginité ; — et que nos vieux fableaux nous inspiraient le mépris des ruses mesquines et la haine de toutes les hypocrisies. Puis c'étaient les âpres leçons du xvi<sup>e</sup> siècle, les joviales semonces de Rabelais, les finesses de Montaigne, les *fers* et les *feux* d'Agrippa d'Aubigné. Descartes nous apprenait à conduire notre raison dans la recherche de la vérité ; Bossuet cimentait de sa puissante main les larges assises de notre foi ; et le théâtre de Corneille était une école de vertus. Le xviii<sup>e</sup> siècle achevait de nous préparer aux luttes de la pensée et nous aguerrissait en nous jetant dans la mêlée des doctrines. Le xix<sup>e</sup> enfin nous émancipait en mettant dans nos mains le bistouri libérateur de la critique.

(1) Eschyle, *Perses*, v. 431-435.

Et que dirais-je encore des sciences, si j'osais, profane, en célébrer les mystères ? Quelles profondes et merveilleuses harmonies ne d'ouvrions-nous pas dans les rapports des nombres, des lignes, des surfaces et des volumes, de ces choses, si différentes en apparence par leur nature, les unes connues seulement par nos sens, les autres immédiatement conçues par notre esprit, et qui se rencontrent les unes et les autres pour s'épouser dans le domaine des nombres ! La physique, la chimie, toutes les sciences naturelles nous révélaient pareillement l'unité du plan universel ; et Dieu lui-même, dont on nous avait appris à révérer les perfections sans bornes, nous apparaissait alors comme le sublime mathématicien.

Voilà ce que l'on apprenait de seize à dix-huit ans, quand on apprenait autre chose que des manuels et des tableaux synoptiques ; quand on faisait ses humanités pour devenir un homme, et non pas seulement pour devenir bachelier.

Que les temps sont changés ! Nos écoliers d'aujourd'hui sourient quand nous leur disons qu'un écolier d'autrefois pleurait sur les malheurs d'Hector et d'Andromaque : ils croient que c'est une légende. Et quand nous leur parlons de la religieuse poésie des formules algébriques, ils rient à gorge déployée, et crient au paradoxe.

Et vous les laissez faire, vous les parents. Que dis-je, vous les encouragez. Ce qui vous intéresse le plus dans les études de vos fils, c'est le terme où elles doivent aboutir, c'est ce baccalauréat, auquel on n'ose pas toucher : savez-vous pourquoi ? Parce qu'il égalise en fin de compte, d'un coup de balancier brutal et souverain, toutes les inégalités de valeur qui se sont manifestées chez nous, au vestibule de la vie.

Que l'enfant travaille ou ne travaille pas, qu'il comprenne ou non, qu'il ait du goût pour ce qu'il est censé faire, ou qu'il en manque totalement : qu'importe? Il aura son parchemin, et le pavillon couvrira la marchandise.

N'est-ce pas une chose monstrueuse que ce diplôme *in extremis*, véritable éponge pour effacer tout le bilan d'une vie scolaire mal employée, compromise, sinon tout à fait perdue.

Je frémirais, Mesdames, Messieurs, à la pensée que l'on m'accusera de porter une main sacrilège sur le baccalauréat, moi, prêtre de cette religion, si je ne pouvais ici encore me mettre à couvert derrière un grand maître de l'Université. Écoutez M. Berthelot : « Cette conception étroite des concours et des programmes d'examen est assurément la cause principale qui concourt à altérer la marche de notre enseignement secondaire et à en fausser les résultats (1). »

Et puis, le *baccalauréat*, ce n'est pas seulement une éponge, c'est encore une clé. — Je vous demande pardon pour ces métaphores, en apparence assez incohérentes, mais il y a tant de choses dans le baccalauréat! — C'est la clef de toutes les carrières, du moins de toutes les carrières dignes de ce nom, de celles qui, tout unies, et comme kilométrées, conduisent un citoyen français à l'aisance, ou à la fortune, aux honneurs ou aux charges publiques, à la retraite enfin, sinon à la gloire !

Mais voilà justement où apparaissent les méfaits du baccalauréat. Le baccalauréat est souvent une fausse clé ; quelquefois même une *pince-monseigneur* selon qu'on se le procure par des procédés artificiels ou artificieux. Ainsi entre dans la vie chaque

_______________

(1) BERTHELOT, *La Crise de l'Enseignement secondaire.*

année un nombre imposant de jeunes citoyens, qui sont censés avoir appris à l'école tout ce qu'il faut savoir pour être à sa place dans des fonctions qui exigent non seulement des connaissances spéciales, mais encore cet esprit d'initiative et cette conscience des responsabilités, qualités essentielles des dirigeants. Il ne faudrait pourtant pas croire que le diplôme a la vertu magique de conférer ces qualités. L'éducation seule pouvait sinon en donner le germe, du moins en favoriser le développement. Or, l'éducation ne s'est pas produite, faute d'un enseignement suffisant, faute d'une culture assez profonde. Voilà par quels dirigeants nous serons dirigés !

Je n'ignore pas que la conscience professionnelle qui se forme dans les études spéciales, renforcée par les bons exemples reçus au foyer paternel, et pour tout dire éclairée aussi par cet enseignement religieux auquel il est encore si difficile d'échapper, — je n'ignore pas, dis-je, que cette conscience particulière supplée chez un grand nombre à l'insuffisance de l'éducation première. Et c'est fort heureux ! Sans cela, au lieu d'être seulement au bord de l'abîme, depuis longtemps nous serions tout au fond.

Je ne voudrais pourtant pas vous rassurer trop. N'oubliez pas que nous sommes au bord de l'abîme, tout au bord, et même déjà un pied sur la pente ; — et n'oubliez pas, non plus, que c'est le baccalauréat qui en est la cause, ou plutôt, cette invraisemblable organisation qui, chez nous, remonte, je crois, au déluge, et grâce à laquelle nous n'avons l'idée de constater les aptitudes d'un enfant — ou le contraire, — que quand il n'est plus temps de lui faire faire autre chose.

Faute d'un contrôle sérieux, intervenant au milieu des études, nous conduisons jusqu'à la dernière heure de leur vie scolaire des jeunes gens qui depuis longtemps ont cessé de suivre ; ou plutôt, nous ne les conduisons pas : nous les traînons, nous les portons. Le train de nos classes en est notablement ralenti ; nos bons élèves piétinent sur place en attendant ces éclopés, ces invalides, ces atrophiés. Atrophiés, c'est le mot : l'intelligence s'est atrophiée, la mémoire s'est atrophiée, l'imagination s'est atrophiée, le jugement s'est atrophié, la volonté s'est atrophiée chez ces pauvres êtres, chez ces *cancres*, comme on les appelle, qui depuis des années et des années ont perdu l'habitude de tout effort, de tout travail, de tout mouvement intellectuel.

Ah ! vous ne voyez pas cela, vous les parents. L'enfant, chez vous, il est toujours le même — ou à peu près, — il va et vient du haut en bas de la maison, il raconte des histoires drôles, il installe des sonneries électriques, il est câlin surtout. Il câline la situation. Mais si vous le voyiez au lycée, le monstre ! Quelle paresse, quelle prostration, quel engourdissement général de toutes ses facultés ! Et je ne parle ici que du cancre inoffensif. Nous avons aussi, hélas ! le cancre malfaisant, *cancer maleficus*, dont il vaut mieux ne rien dire.

Constatons cependant le développement très funeste et très préjudiciable de ce parasite dans notre population scolaire. Il apparaît dans nos plus petites classes, où il se manifeste d'abord par l'insuffisance de ses résultats, due soit à un vice général de sa constitution, soit à un défaut d'aptitude, soit à un manque d'énergie. Le mal n'est pas toujours incurable. Je crois même que dans la plupart des cas, on réussirait à le guérir par un traitement vigoureux. Mais, voilà ! ce traitement exige une grande fermeté, des soins prolongés, une attention de tous les instants, et, surtout, la volonté de guérir chez le malade et chez ceux qui le soignent. On se heurte à toutes sortes d'obstacles : faiblesse des parents, découragement des maîtres, mauvais calculs par où l'on escompte l'avenir, le temps qui passe, l'âge qui vient ; le dirai-je enfin ? souci dominant de vivre en paix, d'éviter les conflits et les affaires.

Le cancre grandit, grossit, se développe ; il se couvre d'une épaisse carapace, faite d'incurie et d'ignorance ; et il arrive ainsi à l'âge d'adulte. On l'enduit tant bien que mal d'un léger vernis qui le dissimule ; on lui applique l'étiquette du baccalauréat. Et le cancre fait son entrée dans le monde......

Nous sommes à la veille d'une réforme gigantesque dont un des principaux bienfaits sera peut-être d'arrêter le développement de cette espèce parasitaire. Notre enseignement secondaire serait divisé en deux cycles : l'un de quatre années, de la sixième à la troisième ; l'autre de trois années, de la seconde à la philosophie. « Le point important, » dit M. Ribot, dans son rapport magistral, « c'est qu'il y ait à la fin « du premier cycle un examen de passage sérieuse- « ment organisé, dans les établissements publics ou « privés, pour constater si les élèves ont retiré de « ces premières études un profit suffisant, s'ils sont « aptes à passer dans le cycle supérieur. C'est un « moyen d'avertir les élèves et les parents, et « de mettre davantage en jeu la responsabilité des « maîtres. »

On ne peut pas mieux dire ; et l'on ne saurait mieux faire. Oui certes, il est d'une extrême importance de s'assurer, dès que l'enfant est arrivé au terme des études élémentaires, vers l'âge de quatorze ou quinze ans, s'il en a recueilli les fruits sans lesquels il ne pourrait que végéter dans les classes supérieures. Pour que l'enseignement profite à l'éducation, — et l'on entend bien maintenant qu'il ne s'agit pas ici de cette éducation superficielle qui n'est que le petit dressage des bonnes manières, mais bien de cette éducation foncière qui est la formation même du caractère par le développement de la raison, du jugement de la volonté et de la conscience, — il faut, pour que cette éducation se fasse par l'enseignement, que l'enseignement donné soit reçu. Là où manquent les éléments, aucun enseignement, ni scientifique ni littéraire, n'est possible. Et rien n'est plus sage, rien n'est plus logique, rien ne s'impose d'une nécessité plus impérieuse que ce contrôle à la fin du premier cycle scolaire.

Ajoutez qu'à quinze ans, il est encore temps d'orienter l'enfant dans une autre direction, s'il est reconnu incapable de suivre celle où vous l'aviez engagé quand vous ne pouviez pas savoir encore, ni personne, quelles seraient ses aptitudes.

Je vois bien que ce contrôle sera gênant pour quelques-uns qui trouvaient tout naturel de se glisser en tapinois dans la place, où ils ne pourront plus entrer quand il faudra prouver qu'on en est digne. Mais l'intérêt des ambitions particulières n'est pas ce qui doit primer dans une société démocratique ; et si nos jeunes citoyens aspirent à exercer dans ces situations, que l'on appelle libérales, une influence sur nos affaires publiques et privées, il n'est que juste, je dirai, il n'est que sage d'exiger qu'ils fassent leurs preuves, et qu'il les fassent pour tout de bon.

Quels sont donc ces nouveaux privilèges, qui feraient des fonctions publiques et des professions les plus délicates l'apanage de la fortune ou des puissantes protections ? Il faudrait désespérer d'un peuple qui s'aveuglerait jusqu'à ne pas voir tout ce qu'un pareil état de choses peut accumuler de fautes et d'expiations !

Nous l'avons dit en commençant, il faut le répéter ici. Il y a dans toute société des privilèges nécessaires : ce sont ceux qui récompensent les services passés, et préparent les services à venir. Vos enfants, Mesdames et Messieurs, par le loisir qui leur est laissé de vaquer à la culture de leur intelligence, à l'embellissement de leur esprit, longtemps encore après l'âge où l'être humain peut commencer à travailler pour vivre, — loisir qu'ils doivent à leurs parents sans doute, mais surtout à l'institution sociale, car sans elle la vie serait précaire et sans cesse à assurer du jour pour le lendemain ; — vos enfants, par ce loisir, jouissent d'un véritable privilège. « Qu'ont-ils donc fait pour être ainsi préférés « au reste des hommes, et à tant d'infortunés sur- « tout qui ne se nourrissent que d'un pain de larmes « et d'amertume ? » Ce n'est pas moi, Mesdames, Messieurs, qui parle ainsi, c'est Massillon, dans un sermon où il s'adressait au jeune roi Louis XV et à sa cour. Et il ajoutait des paroles que je n'ose pas reproduire, encore qu'elles conviennent admirablement au sujet qui nous retient, parce que vous ne me les pardonneriez peut-être jamais. Permettez-moi ce seul souvenir : « Vos descendants expieront « peut-être dans la peine et dans la calamité le « crime de votre ingratitude (1). » Massillon donnait ces énergiques avertissements aux grands de son époque, vers 1718. Vous savez le profit qu'ils en retirèrent. Cette société brillante, mais vermoulue, ne voulait pas se réformer. On disait : « Cela durera toujours bien autant que nous ; » et : « Après nous le déluge !... »

Faut-il donc que nous recommencions sans cesse l'histoire, incorrigibles écoliers qui ne veulent rien

(1) *Sermon pour le second dimanche de carême. Sur le respect que les grands doivent à la religion.*

retenir ! Le tiers état a pris chez nous la place de la noblesse : ne devrait-il pas profiter de ses exemples et s'instruire par le récit de ses désastres ? Quelle folie serait la nôtre si, pour le vain plaisir de jouer au bourgeois gentilhomme, nous sautions nous aussi dans le gouffre, comme les marquis de l'ancien régime ou comme les moutons de Panurge !

S'il est vrai, — et il semble bien qu'il soit vrai, — que de grands changements s'apprêtent, sachons au moins sauver du cataclysme le plus légitime de notre bien, et le plus pur de notre sang. Ne nous obstinons pas dans les visées étroites d'un égoïsme têtu : comprenons enfin que tout privilège devient caduc le jour même où il devient stérile. Si vous voulez garantir à vos fils le privilège singulier de l'enseignement secondaire, comprenez enfin qu'il faut qu'il ait sa raison d'être : *un diplôme* ne suffit pas !

Entendons-nous bien : je ne fais pas ici le procès de ces baccalauréats et de ces concours dont M. Berthelot a dit qu'ils « gâtent les dernières « années de l'adolescence, celles où devraient appa- « raître les initiatives et les vocations individuel- « les (1) ». J'ai voulu montrer seulement que tel qu'il existe le baccalauréat est un contrôle beaucoup trop tardif, et une sanction parfaitement illusoire. Mais, loin de désirer sa suppression, je souhaiterais qu'on le doublât d'un autre baccalauréat, que j'appellerais volontiers le *petit baccalauréat*, et qui serait précisément cet examen placé, dans le projet de réforme, à la fin du premier cycle d'études. Or, pour que cet examen soit sérieux, il sera suffisant, mais nécessaire, qu'il soit fait par des juges étrangers, non seulement au collège, mais encore à la localité de leurs justiciables.

(1) Berthelot, *loc. cit.*

L'organisation de ces jurys ne présente aucune difficulté pratique : on pourrait indiquer une demi-douzaine de combinaisons possibles. Mais nous en avons assez dit sur ce point : nous n'en avons pas trop parlé cependant, car tout le reste sera vain et et stérile, tant que l'on n'aura pas institué dans le cours même des études un contrôle efficace, et rendu à la sanction finale sa vraie valeur qu'elle a perdue.

Ainsi — mais ainsi seulement, — réussirons-nous à revivifier cet enseignement secondaire dont le fruit doit être une mâle et forte éducation.

*<br>* *

Ce n'est pas à dire que nos écoliers seront parfaitement élevés du jour où ils seront mieux instruits. Il y aurait, pour arriver à la perfection, d'autres réformes à faire que celles de l'enseignement lui-même. Une des premières serait d'intéresser davantage les familles au travail de leurs enfants. Le *petit baccalauréat* produirait très certainement cet effet salutaire. Mais il faudrait autre chose.

Ici, je sens que je vais sentir le fagot, si monstrueuse va être l'hérésie administrative que je vais émettre. Je ne sais pas trop à quoi je m'expose. Mais tant pis, je le dirai tout de même et je corromprai M. l'Inspecteur d'Académie et M. le Proviseur, pour qu'ils ne me livrent pas au bras séculier.

Ou plutôt non ! je ne dirai rien. Un autre parlera pour moi ; un autre, que beaucoup croient infaillible — ce n'est pas le pape, rassurez-vous — mais c'est presque la même chose, quoique ce soit tout le contraire : — c'est Renan.

Eh bien ! Renan n'aime pas l'internat ; et qui donc oserait dire que Renan a tort ? Il pense que la place de l'enfant est dans sa famille : vérité neuve dans un pays où l'on aime tant à être enrégimenté. Et sans doute l'enfant ne doit pas non plus grandir à l'écart de ses petits contemporains : ce serait la paradoxale éducation d'*Émile*, — éducation, pour le dire en passant, que Rousseau lui-même n'a jamais donnée comme réalisable, et dont mieux que personne il a mis en lumière le côté chimérique. Il faut que l'enfant aille au collège, non pas parce que le collège est l'image de la vie : il n'y a rien de plus faux et rien de plus naïf que cet antique refrain. Mais il faut qu'il aille au collège pour apprendre qu'il y a au monde d'autres petits garçons aussi intelligents que lui, aussi intéressants que lui, et même quelquefois plus intéressants et plus intelligents. « Il est bon de voyager quelquefois, disait « Sainte Beuve ; cela étend les idées et rabat l'amour-« propre. »

Le voyage du collège, c'est, si vous voulez, la première envolée autour du nid. Voyez comme la mère suit son petit d'un œil inquiet. Et vous, Mesdames, perdrez-vous de vue vos petits, quand une fois vous nous les aurez confiés? Ah ! que vous auriez tort ! Certes, nous méritons éminemment votre confiance : mais dans l'éducation des garçons, comme dans celle des filles, il y a des leçons qu'une mère ne doit laisser à personne le soin de donner.

Et c'est pourquoi Renan a bien raison de déplorer « ces grands internats, héritage malheureux des « jésuites du xviie et du xviiie siècle où l'enfant, « séparé de la famille, séquestré du monde et de « la société de l'autre sexe, ne peut acquérir ni « distinction ni délicatesse (1). »

Ai-je dit que Renan avait raison ? J'en ai peur. Ne me dénoncez ni à mon Recteur ni à mon Curé ! C'est

_______

(1) Renan, *loc. cit.*

que, voyez-vous bien, Renan est un de ces hommes remuants et audacieux qui ne respectent pas toujours tout ce qu'il faudrait respecter. Ainsi, il se plaint d'une certaine propension que l'on avait, paraît-il, en France, autrefois, à recourir aux internats, comme aux nourrices, pour se débarrasser de ses enfants : « Le tort de nos vieilles habitudes « françaises en fait d'éducation, comme en bien « d'autres choses, était de chercher à diminuer la « responsabilité. Le désir des parents était de trouver « une bonne maison à laquelle on pût confier son « enfant en toute sûreté de conscience, afin de n'avoir « plus à y penser. Eh bien ! cela est très immoral (1). »

Jugement sévère mais juste, car enfin est-il dans l'ordre de la nature que nous nous déchargions sur d'autres hommes du soin de former les âmes de nos enfants ? Qu'il y ait des circonstances telles que l'exil de l'enfant loin du foyer paternel devienne une inéluctable nécessité, on ne peut le nier : l'internat est inévitable pour tous ceux qui habitent loin des centres où se donne l'enseignement. Encore ferait-on mieux de multiplier ces centres le plus possible en favorisant les collèges communaux, que de préconiser ces monstrueuses agglomérations d'élèves, si recherchées des familles, et qui sont encore un défi porté au bon sens.

M. Marion, dans son beau livre sur l'*Éducation dans l'Université*, a très justement montré l'erreur pédagogique qui fait la vogue de ces gigantesques cités scolaires. Que peut devenir l'éducation dans ces foules ? Comment le proviseur, qui est là précisément pour veiller à cette tâche délicate, aura-t-il le temps matériel de veiller sur chaque enfant en particulier ? Et, il n'y a pas à dire : cette surveillance paternelle mais active est le premier de ses devoirs.

(1) RENAN, *loc. cit.*

M. Marion fixe à trois cents le nombre maximum des enfants dont un chef de maison peut raisonnablement diriger l'éducation en connaissance de cause. Certes, il ne manque pas de proviseurs, et même de censeurs, autour de nous, qui justifient pleinement cette confiance. J'oserai dire cependant que c'est encore beaucoup trop leur demander.

Les solitaires de Port-Royal, qui firent au xviie siècle un remarquable essai de réforme dans l'enseignement secondaire, n'admettaient que de tout petits groupes d'écoliers ; et il les triaient sur le volet. On raconte que le fils d'un très grand seigneur en fut exclu parce que son genre d'esprit ne convenait pas à la maison. On eut beau faire intervenir les personnages les plus haut placés dans le gouvernement, tout fut inutile. Les solitaires furent inflexibles. On était héroïque, dans ce temps-là.

— Mais, me dira-t-on, vous êtes deux fois en contradiction flagrante avec vous-même. Vous signaliez tout à l'heure le développement de l'individualisme comme un danger, et vous ne voulez pas de ces grandes réunions scolaires si propres cependant à développer l'esprit de solidarité. Vous semblez croire à la vertu éducative de l'enseignement, et vous dites maintenant que l'éducation doit être l'œuvre de la famille !

— Ces contradictions ne sont qu'apparentes. D'abord, est-il bien prouvé que nos casernes scolaires soient si propices au développement de la solidarité ? Et quelle espèce de solidarité y fleurit le plus ? Car il y a de bonnes et de mauvaises solidarités. Je me permets de vous signaler en passant une solidarité qui n'est que la mise en commun des mécontentements, des rancunes, des désirs de vengeance, et je ne dis pas que ce soit celle de nos collégions. Je sais qu'il y a une solidarité scolaire qui consiste pour nos élèves à ne jamais se dénoncer les uns les autres : je les en félicite, et je les en féliciterais sans réserve si de mauvais drôles n'exploitaient ce généreux anonymat au grand détriment des plus honnêtes et des plus faibles. Cette belle solidarité a grand besoin d'être éclairée, avertie et dirigée, pour ne pas servir d'auxiliaire aux plus mesquines passions, aux plus étroits égoïsmes, aux plus effrontées prétentions, et j'estime que les exemples et les leçons d'un père et d'une mère qui réservent une partie de leur temps et de leurs ressources pour le bien public seront beaucoup plus efficaces contre le développement dans un jeune cerveau des fausses idées individualistes, que cette vie en commun dans la société factice du collège, où, tout étant précisément combiné pour l'enfant, celui-ci arrive tout naturellement à se croire le centre du monde. Aussi, quel sentiment de ce qui leur est dû, chez quelques-uns de ces jeunes gens ! quelle ardeur à réclamer contre l'ombre d'un préjudice ! quelles susceptibilités, quelles exigences, et parfois, chez ceux-là même qui, pour plusieurs raisons, devraient se montrer les plus accommodants !

Quant à l'éducation qui découle d'études sérieusement et consciencieusement faites, c'est plutôt une direction générale donnée aux esprits qu'un code complet des obligations respectives imposées par la vie de société. Laissons encore parler Renan : « L'éducation, c'est le respect de ce qui est réelle« ment bon, grand et beau ; c'est la politesse,. char« mante vertu, qui supplée à tant d'autres vertus ; « c'est le tact, qui est presque une vertu aussi. Ce « n'est pas un professeur qui peut apprendre tout « cela. Cette pureté, cette délicatesse de conscience, « base de toute solide moralité, cette fleur de senti-

« ment qui sera un jour le charme de l'homme, cette
« finesse d'esprit consistant toute en d'insaisissables
« nuances, où l'enfant et le jeune homme peuvent-ils
« l'apprendre ? Dans les livres, dans les leçons atten-
« tivement écoutées, dans des textes appris par cœur?
« Oh ! nullement, Messieurs, ces choses-là s'appren-
« nent dans l'atmosphère où l'on vit, dans le milieu
« social où l'on est placé ; elles s'apprennent par la
« vie de famille, non autrement. L'instruction se
« donne en classe, au lycée, à l'école ; l'éducation se
« reçoit dans la maison paternelle ; les maîtres, à cet
« égard, c'est la mère, ce sont les sœurs. Rappelez-
« vous, Messieurs, ce beau récit de Jean Chrysostôme
« sur son entrée à l'école du rhéteur Libanius, à
« Antioche. Libanius avait coutume, quand un élève
« nouveau se présentait à son école, de le questionner
« sur son passé, sur ses parents, sur son pays. Jean,
« interrogé de la sorte, lui raconta que sa mère,
« Anthuse, devenue veuve à vingt ans, n'avait pas
« voulu se remarier pour se consacrer tout entière à
« son éducation. « O dieux de la Grèce ! s'écria le vieux
« rhéteur, quelles mères, et quelles veuves parmi ces
« chrétiens ! Voilà le modèle, Messieurs. Oui, la
« femme profondément sérieuse et morale peut seule
« guérir les plaies de notre temps, refaire l'éducation
« de l'homme, ramener le goût du bien et du beau. Il
« faut pour cela reprendre l'enfant, ne pas le confier
« à des mains mercenaires, ne se séparer de lui que
« pendant les heures consacrées à l'enseignement
« des classes, à aucun âge ne le laisser tout à fait
« séparé de la société des femmes... L'homme, en
« présence de la femme, a le sentiment de quelque
« chose de plus faible, de plus délicat, de plus distin-
« gué que lui. Cet instinct obscur et profond a été la
« base de toute civilisation, l'homme puisant dans ce
« sentiment le désir de se subordonner, de rendre

« service à l'être plus faible, de lui prouver sa
« secrète sympathie par des complaisances et des
« politesses. La société de l'homme et de la femme
« est ainsi essentiellement éducatrice. L'éducation
« de l'homme est impossible sans les femmes. On
« dit, je crois, que la séquestration que je combats
« se fait dans l'intérêt de la morale ; je suis persuadé
« qu'elle est une des causes de ce peu de respect
« pour la femme qu'on regrette de trouver dans une
« certaine jeunesse. La jeunesse allemande a sûre-
« ment des mœurs plus pures que la nôtre, et
« cependant son éducation est beaucoup plus libre,
« bien moins casernée (1). »

Applaudissons, Messieurs, applaudissons à ce
beau langage, par où les traditions chevaleresques
de l'ancienne France sont conviées à jouer un rôle
de premier plan dans la formation de la France
nouvelle. Oui, certes, il est nécessaire au bien général que la famille n'abdique pas la fonction essen-
tielle qui lui est dévolue par la nature et par
l'institution sociale. Et quelle est-elle en résumé,
cette fonction, sinon de préparer les héritiers pré-
somptifs de la démocratie, en leur apprenant non
plus par des leçons et par des récits, mais par ces
exemples vivants, qui, selon le mot de Corneille,
ont un autre pouvoir, comment dans la société
humaine, dont elle est bien véritablement l'image
réduite, les plus forts se doivent au salut des plus
faibles, et comment la vie commune, pour être
tolérable et même bonne, doit être faite chaque
jour d'abnégation, de dévouement et de résignation.

Ainsi se compléteraient les doctrines de l'école
par les habitudes du foyer. Ainsi verrions-nous
renaître une classe généreuse et virile, instruite
des grandes destinées de l'humanité, consciente des

(1) Renan, *loc. cit.*

responsabilités qui lui incombent, prête à l'action et prête au sacrifice, une classe de citoyens vraiment capables et dignes de conduire les affaires publiques, parce que, accoutumés à faire passer l'intérêt général avant leur intérêt particulier, ils seraient plus soucieux de leurs devoirs que de leurs droits.

*
* *

Pour achever l'éducation de cette classe dirigeante, il est un autre facteur dont nous n'avons pas encore parlé. A la vérité, plusieurs aujourd'hui le considèrent comme une quantité négligeable. Il semble pourtant qu'il y ait quelque bien à en attendre ; et puisqu'il faut le nommer, disons le mot : c'est Dieu.

L'heure est trop avancée pour que nous nous engagions dans l'examen d'une question si furieusement débattue. Nous la retrouverons, dans notre prochaine conférence, où nous parlerons de l'éducation populaire.

Si Dieu existe, comme il y a encore quelques raisons de le penser, il est le même pour les grands et pour les petits. Ce Dieu, qui connaît tout, ne connaît ni capitalistes ni prolétaires ; mais il chérit les pauvres. C'est donc dans le peuple que j'irai le chercher, avec l'espoir de l'y trouver encore ; et si mon attente devait être trompée, si je le rencontrais, ce Dieu de l'Évangile, ce Dieu des malheureux, de ceux qui ont faim, de ceux qui ont froid, de ceux qui souffrent, de ceux qui pleurent et qui veulent être consolés, si je le rencontrais laissant là le peuple et s'éloignant comme pour ne plus revenir, je l'arrêterais, moi chétif, oui, j'oserais l'arrêter par la frange de son manteau, et je lui dirais en bon français : *Domine, quo vadis ?* Seigneur, où allez-vous ?

# Dans le Quatrième État

Mesdames, Messieurs,

On parle beaucoup de la classe ouvrière, à notre époque. Je reprocherai d'abord à quelques-uns de ceux qui lui témoignent la sollicitude la plus sincère d'en parler quelquefois comme d'une caste inférieure et fermée vers laquelle ces doux intellectuels descendent les mains tendues, avec un sourire de bienveillante protection. Il semble, à les entendre, que l'ouvrier soit une espèce à part dans la création, espèce intéressante, à la vérité, mais tout à fait distincte de l'espèce dite bourgeoise. Je ne nie pas qu'il existe en effet d'extrêmes différences entre les habitudes, les goûts, les sentiments, les idées, les aspirations et le langage de ces deux classes. Mais je voudrais qu'on ne vît là que des dissemblances accidentelles, résultant des conditions de vie passagères où se trouvent les individus. Je déplore cet esprit de système qui transforme ces disparates fortuites, pour en faire arbitrairement des caractères génériques, héréditaires et inamissibles, constituant, ainsi au sein même de notre démocratie, une dualité d'intérêts que l'on se plaît à opposer les uns aux autres dans le plus néfaste, le plus dangereux, et le plus absurde des conflits.

Si le jeu de la fortune et du hasard a favorisé les uns aux dépens des autres, si la nation se partage en capitalistes et en prolétaires, ce n'est pas à dire que ce partage soit définitif. Le prolétaire d'aujourd'hui peut demain être capitaliste à son tour ; l'ouvrier peut devenir patron : c'est même à cette amélioration des conditions initiales que nous devrions travailler de tous nos efforts, nous qui prétendons aimer le petit peuple, si, encore tout imbus des idées d'autrefois, en dépit de nos prétentions à changer la face du monde, nous ne concevions la lutte des classes comme la forme nécessaire que doit revêtir notre activité sociale : et nous ne voyons pas qu'en parlant de lutte des classes, nous énonçons encore un des plus monstrueux préjugés que nous ayons hérité de l'ancien régime.

Au-dessous — et non à côté — de ce *tiers état* constitué par l'ensemble des citoyens que leur intelligence, leur savoir et leur moralité rendent, ou devraient rendre aptes à conduire les affaires publiques, — le *quatrième état* se compose naturellement de ceux que leurs moindres talents désignent pour des besognes plus modestes. La considération, sous toutes ses formes, devra, selon la justice, être proportionnelle aux services rendus. Quelle que soit l'honorabilité personnelle de l'ouvrier qui a fait la charpente, son mérite est assurément inférieur à celui de l'architecte qui en avait conçu le plan. Et ce serait une très mauvaise objection que de prétendre que sans ouvrier l'architecte n'aurait pu édifier son œuvre. L'architecte formera des ouvriers, s'il est besoin. Les ouvriers ne formeront jamais un architecte. Mais le *quatrième état* étant ainsi naturellement composé de ceux, comme nous l'avons dit dans notre premier entretien, qui ont les facultés d'exécution, à défaut des facultés d'initiative, il est clair que si, dans les rangs de ce quatrième état il apparaît un jeune homme doué précisément de ces qualités intellectuelles et morales propres aux dirigeants, ce jeune homme, par sa supériorité individuelle, est d'ores et déjà du tiers état, il lui appartient virtuellement, alors même qu'en fait il compte au quatrième état, et le devoir de la société, commandé par son intérêt capital, c'est de faire passer du rôle de simple exécutant à la fonction de dirigeant celui que son intelligence et son caractère rendent propre à ce rôle. C'est la contre-partie de ce que nous avons dit des non-valeurs du tiers état.

Si dans l'ordre dirigeant il se trouve des enfants dénués des qualités intellectuelles et morales requises pour exercer les hautes fonctions publiques, ou ces charges délicates dont dépendent la fortune, la vie, l'honneur des particuliers, la société a le droit et le devoir de fermer à ces enfants l'accès de ces carrières. Thèse cruelle, j'en conviens ; mais qui le paraîtrait beaucoup moins s'il entrait un peu plus de bon sens dans nos amours-propres. Pourquoi les métiers manuels sont-ils en discrédit dans la classe bourgeoise, au point que l'on regarde comme un désastre d'être obligé d'en faire apprendre un à son fils. Pourquoi ? sinon parce que des motifs extrêmement frivoles nous ont dégoûté du travail manuel : et le préjugé est devenu tel que nous préférons pour nos enfants une besogne de scribe, si infime soit-elle, plutôt que de leur mettre un outil dans les mains. Et nous croyons avoir l'esprit républicain ! Mais que faisaient donc de pire les nobles d'autrefois, qui croyaient déroger en faisant du commerce ? La chinoiserie du préjugé n'est pas moins florissante chez nous. N'admettons-nous pas qu'il y a commerce et commerce ; et l'amour-propre s'accommode de vendre ceci, mais non pas cela. Tel genre de commerce manque de prestige, s'il se fait au détail ; mais il est tout entouré de considération s'il se fait en gros ! Quelle pitié !

Mais revenons au travail manuel, dont nous méconnaissons l'éminente dignité. J'estime pourtant que le maître forgeron qui forgea les ferrures des portes de Notre-Dame de Paris, ou la grille du Palais de Justice ; le maître huchier qui sculpta la chaire de Sainte-Gudule, à Bruxelles, ou les stalles de la cathédrale d'Anvers, un Donatello, un Michel Colombe, ou un Michel Van der Voort, valaient bien n'importe lequel de nos *intellectuels*, encore qu'ils ne fussent que de simples ouvriers de la pierre, du bronze ou du bois. Il est bien porté d'être bon chrétien ; il ne l'est pas moins de batailler contre le christianisme. De part et d'autre, on oublie que le Christ voulut passer en ce monde pour le fils d'un ouvrier pauvre, et qu'il grandit dans l'atelier d'un charpentier ; on ne voit pas que cette divine histoire est la glorification du travail manuel ; et nous, les bourgeois, nous n'aurions pas voulu que nos fils allassent avec le petit charpentier !... L'orgueil, la paresse, l'envie et la haine ne cessent de s'entredéchirer que pour déchirer les pages les plus touchantes et les plus humaines de notre Évangile ; et la Démocratie ne veut pas de cette leçon, parce qu'elle fut donnée par un Dieu. Ne serions-nous pas, à notre tour, les tristes jouets de cet esprit d'imprudence et d'erreur, de cet aveuglement fatal que Dieu méconnu répand chez ceux qu'il veut perdre ? Nous sentons bien que tout cela est vrai ; nous comprenons que nos fils ne vaudraient pas moins, et même seraient incomparablement plus estimables, si, au lieu d'exercer médiocrement des professions qui permettent d'endosser un habit noir et d'avoir les mains blanches, ils consentaient à exercer supérieurement des métiers qui exigent une blouse blanche et des mains noires. Nous savons très bien que c'est le bon sens élémentaire qui parle ainsi ; mais nous sommes tellement dominés par nos préjugés, que nous ne voulons même pas entendre la voix du bon sens, et nous lui fermons la bouche.

Mais j'ai tort de parler ainsi, Mesdames; Messieurs; vous m'écoutez avec beaucoup de longanimité, et je suis plus touché que je ne puis le dire de cette bienveillante déférence, dont j'apprécie la haute valeur. Revenons donc aux enfants du quatrième état.

*<br>* *

Il y a lieu de faire entre eux une sélection pour déterminer le genre d'enseignement qu'ils doivent recevoir, l'éducation qu'il faudra leur donner, selon le rôle qu'ils pourront jouer dans la société. Ce premier choix est d'une extrême importance. Il suffit d'ailleurs qu'il se fasse, pour que disparaisse du coup l'idée révoltante de ces deux races jumelles mais irréconciliables vivant sans communication et sans lien sur le sol d'une même patrie, dont elles se disputeraient jalousement les avantages, avec des alternatives de longue oppression et de sanglantes représailles. La démocratie n'existe pas, si le tiers et le quatrième état sont séparés par une ligne de démarcation quelconque, et si leurs intérêts, au lieu de s'unir étroitement dans un plan d'ensemble, se contrarient et s'opposent comme ceux de castes rivales. La diversité des aptitudes doit seule justifier la diversité des conditions sociales ; et de même que l'accaparement des professions libérales par les riches incapables serait un retour au régime du privilège, de même l'immobilisation des esprits supérieurs dans des métiers où ils ne donneraient pas toute la mesure de leur valeur, serait une nouvelle forme de la servitude, indigne d'un pays libre et ruineuse pour son avenir.

C'est une nécessité de premier ordre, dans la démocratie, de donner à chacun, autant que possible, l'éducation qui lui convient, et les difficultés sociales de l'heure présente résultent peut-être surtout du caprice, de la confusion, tranchons le mot, de l'injustice qui préside à la répartition de l'enseignement entre les jeunes citoyens.

Je n'oublie pas que l'État et ses subdivisions territoriales entretiennent dans les établissemeuts d'enseignement secondaire un grand nombre de boursiers. Nous en avons en moyenne 1 pour 9 élèves dans nos lycées; on en compte 1 pour 8 dans les collèges. Mais d'abord, un grand nombre de ces bourses sont affectées à des enfants dont les parents comptent au tiers état; et je n'examine pas ici la question de savoir si toutes ces bourses sont justifiées par des services rendus à la société ou par des situations de fortune intéressantes, non plus que cet autre point délicat : tous ces boursiers justifient-ils par leur travail et leur intelligence la faveur dont ils jouissent? J'oserai dire seulement que, sous prétexte de libéralité, nous péchons plutôt par excès d'indulgence. Et certes, c'est une faute avouable, n'était que la société ne fait ces largesses qu'à son plus grand dommage.

Mais je veux parler plus spécialement des bourses au moyen desquelles on dirige dans les carrières libérales du tiers état des enfants nés dans le quatrième état. L'esprit de ces conférences est maintenant assez connu de vous, pour que vous ne l'accusiez pas d'exclusivisme aristocratique. Eh bien, au risque de paraître encore me contredire, je déclare qu'à mon modeste avis, on abuse de ces bourses. Je crois d'ailleurs qu'on en abuse aussi en faveur des petits bourgeois.

Voici ce qui se passe trop souvent. Un enfant se fait remarquer à l'école primaire par la vivacité de son intelligence et la bonne qualité de son travail. Tout de suite l'idée vient à tout le monde qu'il peut faire mieux qu'un simple ouvrier ou qu'un petit employé. On rêve de l'envoyer dans quelque grande école ou dans quelque grande administration. Le mirage du fauteuil de cuir se dresse devant les yeux de tous ceux qui s'intéressent à lui. On le prépare à l'examen des bourses. Il y réussit ; et bientôt le voilà lycéen. Il entre dans un costume et dans un monde nouveaux ; et tout va bien jusqu'au jour où l'on s'aperçoit qu'avec beaucoup d'intelligence et d'ardeur au travail, il manque à cet enfant quelque chose d'essentiel : je veux dire l'élévation des sentiments, la délicatesse des procédés, la droiture des intentions, la largeur des idées ; la conscience en un mot. Au lieu de reconnaître ce qu'il doit à une société qui l'a pris par la main pour le conduire à une situation meilleure que celle où il était né, rien ne lui semble égal à son mérite personnel. Il ne profite de son introduction à l'étage supérieur que pour en dénigrer l'aménagement, et en saper les soutiens. Il se sent dépaysé dans un monde dont il n'a ni les habitudes ni les préjugés ; et alors, au lieu de rester lui-même, fort de son mérite personnel, et spectateur judicieux des inégalités naturelles, ou bien il renie son passé, rougit de ses origines, et se pousse comme il peut dans ce monde qu'il méprise et qu'il envie ; — ou bien il lui déclare une haine et une guerre sans merci.

Cet enfant avait l'intelligence ; il lui manquait le caractère. Voilà ce que l'on n'a pas vu à l'examen des bourses, et ce qu'il importait cependant de voir avant tout.

Car, Messieurs, quelque sympathie que nous devions témoigner à la classe ouvrière — dont nous sommes issus pour la plupart, si vous voulez bien vous souvenir, — nous ne pouvons pas prétendre que les ouvriers sont seuls parfaits, seuls beaux, seuls sages, seuls sains, comme le Stoïcien de l'antiquité, sauf quand ils ont la pituite. Pour moi, je crois que les ouvriers sont comme les bourgeois, auxquels ils ressemblent terriblement quand on les déshabille : il y en a de bons, il y en a de médiocres ; il y en a qui ne valent pas cher ; et chez eux comme chez les bourgeois, la valeur morale n'est pas toujours égale à la valeur intellectuelle. Or, Messieurs, c'est cette valeur morale, ou plutôt cette aptitude à prendre une valeur morale supérieure qu'il faudrait reconnaître avant tout chez l'enfant que l'on veut faire passer de la classe qui exécute à celle qui dirige. Et voilà ce que l'on ne fait pas. Comme il vaudrait mieux multiplier les bourses d'apprentissage, ou si l'on veut, les bourses d'écoles primaires supérieures et d'écoles professionnelles ! Nous reviendrons à ce vœu, — qui, pour platonique qu'il soit ici, n'en offre pas moins d'intérêt dans le sujet qui nous occupe, — quand nous aurons étudié ce que doit être l'éducation du quatrième état, étant donné le rôle qu'il joue dans la société.

*<br>* *

Tandis que l'enseignement secondaire n'est qu'une préparation à des études plus spéciales et plus approfondies, telles que le droit, la médecine, les diverses sciences, les lettres, la philosophie, l'histoire, — l'enseignement primaire, destiné à ceux qui doivent commencer jeunes l'apprentissage ou l'exercice d'un métier manuel ne comporte qu'un petit nombre de connaissances usuelles, et mises à la portée des enfants : la lecture, l'écriture, le calcul, quelques notions pratiques de géographie, les grandes lignes de l'histoire et des éléments de morale. Cette instruction rudimentaire doit être terminée à treize ans, c'est-à-dire à l'âge où l'activité intellectuelle se manifeste surtout par la mémoire. L'imagination ne commence guère à se développer qu'à partir de la treizième année ; et il faut attendre encore trois ou quatre ans l'entrée en jeu du jugement. Le futur ouvrier quitte donc l'école bien avant que l'œuvre de l'éducation intellectuelle et morale ait pu s'y faire.

Tandis que les enfants du tiers état continuent des études propres à assurer le développement successif, harmonieux et complet de leurs facultés, l'enfant du quatrième état travaille de ses mains, et déjà commence à oublier le peu qu'il a appris à l'école primaire. Et pourtant il n'est pas indifférent au bien général que cet enfant du peuple, comme on dit, sache ce que l'on attend de lui, ce qu'il doit à la société, c'est à dire à l'œuvre collective où toutes les énergies collaborent au bien général, somme de tous les intérêts individuels.

Cherchons donc avant tout la définition, et pour ainsi dire la formule morale du devoir social dans le quatrième état : car c'est là l'objet même de l'éducation.

Et d'abord, celui qui, faute d'aptitudes supérieures, ne sera jamais qu'un exécutant, n'a pas à se préoccuper des grandes responsabilités qui pèsent sur ceux qui inventent, conseillent, dirigent et gouvernent. L'éducation des dirigeants ne doit pas seulement éclairer les consciences de cette lumière universelle sans laquelle l'homme marche à tâtons dans les désordres de la barbarie; il faut en outre qu'elle les fasse pour ainsi dire sortir d'elles-mêmes, qu'elle les confronte les unes avec les autres, de manière qu'elles se contrôlent réciproquement; que, remontant les annales du passé, elle fortifie le sens individuel par les dépositions et les témoignages de l'histoire, par la parole des sages, par l'exemple des héros. L'esprit, ainsi promené à loisir à travers les principales phases de l'humanité, s'enrichit d'expériences multiples, s'habitue à ne pas considérer les hommes et les choses d'un point de vue borné, unique et mesquin. Il élargit ses horizons; il apprend à faire le tour des questions et, comme dit Descartes, à diviser les difficultés. Mais encore une fois, cette éducation est le fruit tardif de ce commerce suivi avec les types les plus achevés de l'humanité, auquel ne peut être conviée utilement que l'élite de la jeunesse.

Il n'en faut pas tant pour la formation morale de celui qui n'aura jamais à répondre que de ses propres actes. Il suffit qu'il ait la notion claire du rôle qu'il doit jouer, la saine conscience de sa valeur relative, et la sage modestie de se tenir à la place que la nature lui a assignée. Je dis la nature, et non la société; car les classifications de la société sont en effet sujettes à l'erreur et à l'injustice. Celles de la nature sont ce qu'elles sont, et c'est folie de s'insurger contre elles.

Quel doit donc être le rôle de l'exécutant? Vous savez, Mesdames, Messieurs, comme il faut se méfier des comparaisons. Lors même qu'elles sont justes, ceux qui veulent nous contredire les rejettent uniquement à cause qu'elles sont des comparaisons, et ainsi nous n'avons rien prouvé. J'en veux faire une cependant, parce qu'elle me semble très voisine de la réalité qui nous occupe, et très propre à la faire entendre.

Dans ce concert des volontés, qui est l'âme des peuples, il me semble que chacun joue sa partie, comme chaque musicien dans un orchestre. Celui qui dirige connaît les ressources et les effets de chaque instrument ; il sait les lois de l'harmonie et du rythme ; il a le don esthétique de juger les ensembles musicaux. C'est lui qui imprime le mouvement, qui règle les efforts individuels, rectifie les tonalités, modère à son gré l'intensité des sons, et finalement, avec tous les éléments dont il dispose, exprime la pensée du maître compositeur. Il suffit que chaque exécutant connaisse son instrument ; le chef doit les connaître tous, sinon pour pouvoir en jouer lui-même, du moins pour savoir les effets qu'il en faut attendre ; et cette intelligence de toutes les parties exige une culture générale et complète en son genre. Qu'arriverait-il si chaque instrumentiste prétendait être juge de la mesure, du ton et de l'expression ? La question fait sourire, tant il est évident que l'ensemble et l'harmonie dépendent de la discipline avec laquelle seront exécutés les ordres du chef. L'indépendance ici produirait immédiatement la cacophonie.

Eh bien, n'est-il pas une cacophonie politique toute semblable ? Encore une fois, l'influence sociale n'est pas un privilège de caste : tous les citoyens peuvent y prétendre, quelle que soit leur origine et leur fortune, pourvu qu'ils aient l'intelligence des affaires publiques et les connaissances indispensables à leur bonne gestion. Mais que tous se croient aptes à tenir le bâton du chef d'orchestre, et que, dédaignant la partie modeste qu'ils pouvaient exécuter convenablement, les cimballers et les tambours s'insurgent contre les premiers violons et refusent de suivre la mesure, c'est une prétention insoutenable et la dissolution même de la musique.

Dirons-nous donc que le respect des hommes supérieurs par leurs talents et leur caractère, joint à une sage réserve empêchant chacun de sortir de sa propre compétence, devraient être les premiers fruits d'une bonne éducation pour les dirigés? Dirons-nous cela? Mais si nous le disons, qui voudra nous écouter, dans un pays où nul ne veut être dirigé?

Tâchons donc de trouver une formule moins rude pour les amours-propres. Parlerons-nous du moins d'une forte discipline, qui grouperait tous les efforts individuels et les coordonnerait en raison du but à atteindre? Peut-être admettra-t-on plus volontiers que l'intérêt général impose aux citoyens la nécessité de suivre les directions reconnues les meilleures. Encore faut-il laisser à ceux qui en sont capables le soin de déterminer ces directions. Mais alors que faisons-nous de la liberté et de l'égalité?

Eh bien, répétons ce que nous avons déjà dit : la liberté absolue n'existe ni ne peut exister dans une société organisée. On ne peut-être indépendant, lorsque l'on a besoin les uns des autres : il faut savoir sacrifier une part de sa liberté à l'avantage de vivre en communauté; ou bien, il faut proclamer l'anarchie, c'est-à-dire l'absence de tout gouvernement, et retourner à l'âge « où le genre humain de glands se nourrissait ». Et quant à l'égalité, nous savons déjà qu'elle ne peut prétendre qu'à garantir à tous la même justice et les mêmes facilités de vie. Si elle va plus loin, elle se change en une lourde machine à courber les esprits au niveau de la médiocrité.

Un mot résumera notre pensée : Développer chez ceux qui n'auront à répondre que de leur conduite privée le sentiment de la dignité personnelle.

Qu'est-donc que la dignité personnelle? Ne pouvons-nous pas la définir : le respect de soi-même et le souci de mériter l'estime des autres ? Celui qui ne se respecte pas lui-même ne peut exiger que les autres le respectent; or, il y a bien des manières de ne pas se respecter soi-même, et de perdre l'estime d'autrui.

Ne parlons pas ici des fautes les plus graves que les lois humaines punissent par la privation des droits civils et politiques. Mais combien de défaillances, dans la conduite journalière, peuvent déprécier un homme sans seulement qu'il s'en doute !

L'ivrogne, qui se réduit à ne plus savoir ce qu'il dit ni ce qu'il fait, qui donne au public le dégoûtant spectacle de sa sordide et volontaire démence, abdique ses droits au respect et perd sa dignité personnelle.

Le débauché, que la violence de ses passions entraine à des plaisirs grossiers où sombre l'intelligence, où la volonté s'asservit, où le cœur se fane, abdique ses droits au respect et perd sa dignité personnelle.

L'homme brutal, qui n'a que l'injure et la menace à la bouche, qui frappe pour se faire craindre ou pour se venger et qui se bat avec ses semblables, comme les chiens qui se disputent un os sur un monceau de détritus, abdique ses droits au respect et perd sa dignité personnelle.

Mais, sans descendre jusqu'à ces types les plus avilis de l'humanité, ne perd-il pas ses droits à l'estime et au respect l'homme que sa paresse empêche de gagner sa vie, et qui préfère mendier l'aumône qu'on lui jette pour se débarrasser de ses obsessions? Ne perd-il pas sa dignité celui qui spécule sur la solidarité pour vivre plus largement, en passant aux autres les charges que la nature lui a dévolues? Ne perd-il pas sa dignité celui qui, pour paraître plus qu'il n'est, emprunte ce qu'il ne pourra pas rendre, ment aux autres et à lui-même sur sa propre valeur, et, s'étant fait ainsi déléguer à des missions qu'il n'est pas capable de remplir, est contraint finalement d'avouer son impuissance et de supplier les autres de réparer ses bévues?

La première condition de la dignité personnelle c'est de se connaître soi-même; la seconde, c'est de connaître ses devoirs envers soi-même; et la troisième, c'est de connaître ses devoirs envers les autres hommes. Quant à nos droits, il est bon sans doute de les connaître aussi; mais je crois que l'usage le plus judicieux et le plus profitable que l'on puisse faire de la fameuse *Déclaration*, c'est moins d'y chercher ce qui nous est dû à nous-mêmes que d'y apprendre ce que nous devons à autrui. Mais je ne crois pas que ce soit là le commentaire que nous en faisons le plus ordinairement, habitués que nous sommes à faire passer notre intérêt personnel avant tout autre.

Telles sont, si je ne me trompe, les notions élémentaires par où se devrait faire l'éducation du quatrième état. Reste à savoir où et comment le jeune ouvrier se pénétrera de ces notions assez profondément pour qu'elles deviennent, si je puis ainsi dire, la substance même de sa vie.

*<br>* *

Assurément, ce n'est pas à l'école : il en sort à l'âge même où les habitudes commencent à se former, bonnes ou mauvaises; et c'est alors surtout que doit se faire le travail de l'éducation. Sera-ce dans la famille, ou à l'atelier?

On sait quel coup mortel les grandes industries ont porté à la famille ouvrière. Contraints d'aller à l'usine pour y trouver les instruments perfectionnés de leur tâche, le père, la mère et les enfants se sont dispersés. Le foyer paternel n'est plus qu'un abri plus ou moins négligé, où l'on s'empile pour dormir, vaincus par l'écrasante fatigue, brisés par le surmenage inflexible d'un travail d'automate.

Ah! certes, après tout le mal qu'il nous a fait, le progrès des machines nous doit bien de restaurer lui-même cette vie de famille, qu'il a mise en morceaux. On y songe, et l'on fait bien. Béni sera le jour où la force motrice, transportée à domicile, ira trouver chez eux le père et les enfants. Nous verrons refleurir alors ces jolis petits jardins, à la banlieue de nos villes, repos, orgueil et joie de la famille laborieuse qui vit au milieu de ces merveilles et travaille à l'ombre des glycines, des clématites et des vignes vierges qu'elle a plantées. Et nous verrons refleurir en même temps ces vertus domestiques qui s'en sont allées loin du foyer désert : l'amour du chez soi, le respect des parents, le soin des enfants, le goût de l'ordre et de l'économie ; enfin ce qu'il y a de plus noble au monde, l'union paisible et féconde des travailleurs modestes, élevant leurs enfants dans les traditions de leurs pères, pour l'honneur de leur nom et la grandeur de la patrie.

Mais en attendant que vous nous ayez rendu cette idylle, qui fut pourtant une réalité, nous ne pouvons plus compter sur la famille pour l'éducation d'un très grand nombre de nos petits ouvriers, puisque la famille, vous l'avez tuée!

Que dire de l'atelier en matière d'éducation? Je

ne nie pas qu'il s'y fasse en effet une certaine éducation ; mais je crains fort que ce soit souvent une éducation à rebours. Il y a certainement de bons ateliers, comme il y a de bons patrons. Toutefois, il me semble qu'en général, la vie de l'atelier est pleine de périls pour les enfants. Il y a là, dans notre société, un inconvénient assez semblable à celui que nous avons signalé dans les internats de l'enseignement secondaire. Ici, le grand danger pour les jeunes apprentis, c'est de vivre précisément la même vie que des hommes faits.

L'enfance a besoin d'indulgence, et le plus grand respect lui est dû. Comme elle imite naturellement ce qu'elle voit faire il ne faut lui donner que de bons exemples. Les ouvriers pensent-ils à tout cela ? Ne sont-ils pas trop portés à considérer l'enfant comme un compagnon ordinaire, et leur égal devant l'austère loi du travail ? Ils se souviennent de l'éducation qu'ils ont reçue ; éducation souvent brutale où les dures paroles, les brusqueries et les coups jouèrent un grand rôle ; n'arrive-t-il pas que quelques-uns font aux autres ce qu'on leur fit à eux-mêmes ? Le jeune apprenti devient alors un souffre-douleurs. Parfois même, le patron s'en mêle. Lui, qui devrait protéger l'enfant qu'on lui a confié, il le rudoie, il le malmène, il le frappe ; et l'on frappe dur, à l'atelier, quand on frappe avec le premier outil qui tombe sous la main. Voilà comment on corrige l'enfant des espiègleries et des inadvertances de son âge ! Mais ils ne savent pas, les pauvres hommes, que par ces violences ils brisent le caractère, faussent la volonté, aigrissent le cœur, pervertissent le jugement. L'enfant maltraité devient sournois, hypocrite, lâche, menteur, sans scrupules et sans foi. Un âcre découragement envahit tout son pauvre petit être : à peine entré dans la vie, le voilà saturé de toutes ses amertumes !

Ce n'est pas tout. Les divertissements que l'enfant partage avec ses compagnons de travail ne lui sont pas moins funestes que les corrections qu'ils lui infligent. Dans notre société si mal faite, la distraction naturelle de l'ouvrier, celle qu'il trouve la première à sa portée, c'est le cabaret. Vous autres, les riches, vous avez vos théâtres, vos concerts, vos réunions mondaines, vos bals, vos dîners. Si vous restez chez vous, vous avez vos aménagements luxueux, ou du moins agréables ; vous avez votre piano, votre violoncelle, votre laboratoire de photographie, vos livres. L'ouvrier n'a que le cabaret. Je ne prétends pas qu'il y soit bien et je n'en fais pas l'apologie ; mais je dis que, sorti de l'atelier ou de l'usine, rebuté par l'insuffisance de son pauvre logis, l'ouvrier n'a que le cabaret. L'apprenti va y suivre l'ouvrier.

Avez-vous observé que les enfants — surtout les enfants mal élevés — quand ils veulent imiter les hommes, cherchent de préférence à reproduire ce qu'ils remarquent de plus grossier dans leurs paroles et dans leurs gestes ? Ils s'imaginent que cette brutalité est un signe de force et s'ingénient à la singer. Est-il un spectacle plus triste que celui de ces pauvres enfants faisant l'apprentissage de l'absinthe et du cigare ? Vous comprenez bien que c'est là le commencement de la démoralisation. La palme est à celui qui boit le plus dur. Tout l'argent de la paye y passera ; mais on aura gagné la réputation d'un fort buveur. Et sournoisement l'alcool s'introduit dans la place, mine l'organisme et y sème sa peste. C'est le commencement de la dégénérescence, à moins que ce n'en soit la suite.

On sort du cabaret titubant, la mine allumée, les

yeux vagues, la bouche baveuse. Les mèches blondes s'échappent humides du chapeau mou à larges bords, rejeté en arrière ; l'ample ceinture de flanelle rouge s'étale dans le débraillé du gilet, où pend encore la petite chaîne d'argent, trop ornementée, dernier souvenir de la pemière communion.

Et dans cet équipage on s'en va par les rues, bras dessus bras dessous, chambranlant à qui mieux mieux : car le principal ici, comme ailleurs, ce n'est pas d'*être*, mais de *paraître*.

Et la rentrée à la maison, le soir, abruti, énervé, malade ; les répliques injurieuses aux reproches de la mère, et, le dirai-je ? souvent, la main levée sur celle qui vous a donné la vie et lourdement abattue sur elle ! Voilà l'homme ; et cet homme a quatorze ans !... Pauvre, pauvre enfant ! pauvre victime de cette éducation à rebours, qui l'a saisi au sortir de l'école, et qui déformera sa cervelle et son cœur, si nulle main amie ne l'arrache au contact des exemples dissolvants, à la flétrissure des paroles malsaines.

Il faut conjurer le danger très réel de cette camaraderie disproportionnée avec des hommes livrés eux-mêmes aux instincts grossiers dont les germes ne sont détruits chez les meilleurs d'entre nous que par une éducation vigilante ; et c'est précisément l'objet que se proposent les patronages de jeunes ouvriers. Il n'y a point d'œuvre plus urgente, ni mieux à sa place dans une démocratie, où la dignité et la moralité des plus humbles citoyens importent souverainement au bien public. Dans ces réunions, où les jeunes gens se divertissent entre eux, il est possible de continuer l'éducation de l'intelligence et des sentiments, de combattre l'effet des mauvais exemples, d'entretenir et de développer les principes de morale reçus à l'école, de corriger les mauvaises dispositions, d'affermir les bonnes habitudes. Sans doute, cette œuvre exige de la part de ceux qui l'entreprennent une profonde connaissance de la jeunesse et un zèle à toute épreuve. Mais, grâce à Dieu, il ne manque pas en France d'hommes de tête et de cœur, toujours disposés à payer de leur personne et de leur argent lorsqu'il y a quelque bien à faire. Il faudrait seulement que la division ne se mît pas entre les bonnes volontés, et que la zizanie sectaire n'étouffât pas le bon grain du dévoûment. Écoutez cette parabole.

Il y avait dans une grande ville un patronage de jeunes ouvriers, dirigé par un bon prêtre, homme à l'esprit large, au cœur généreux. Sa maison, située presque à la campagne, au milieu d'un immense jardin, s'ouvrait à tous les enfants, sans distinction d'origine, qu'ils vinssent de chez les Frères ou de l'école laïque. Cette fusion, qui plaisait au bon prêtre, déplut à un sectaire, — et je ne dirai pas s'il était de droite ou de gauche. Comme il tenait école, il empêcha ses élèves de fréquenter le patronage. Le bon prêtre pensait dans son cœur que son œuvre était également utile aux uns et aux autres. Lequel servait le mieux son pays ?

Non seulement il faut s'occuper des jeunes apprentis les dimanches et jours de fête ; mais il faut encore les protéger jusque dans l'atelier, contre ces violences et cette exploitation dont nous avons esquissé la sombre peinture.

L'enfant de l'ouvrier quitte l'école trop jeune. C'est que le temps presse dans les familles où chacun gagne à peine le strict nécessaire pour ses propres besoins. On essaye de remédier à ce départ prématuré par les cours du soir où nos instituteurs donnent un si noble exemple de zèle et de dévoûment. On ne peut pas faire mieux qu'ils font, étant donné le vice de notre organisation sociale ; mais ce vice lui-même est-il donc incurable? Ne pourrait-on trouver le moyen de prolonger jusqu'à quinze ou seize ans le séjour à l'école?

Ah! si tant de bourses infructueuses dans nos lycées pouvaient être transportées dans les écoles primaires! S'il était possible de doter ainsi chaque année un certain nombre de pauvres enfants pour leur permettre d'attendre la complète formation de leur caractère avant d'aller courir les risques de l'usine et de l'atelier!

Si l'on pouvait compléter l'enseignement de l'école primaire par deux ou trois années passées dans des écoles d'apprentis! Je voudrais qu'il y en eût une dans chaque ville. On continuerait d'y apprendre ce que l'on n'a fait qu'effleurer pour le certificat d'études, mais en même temps on y apprendrait un métier. Les enfants y travailleraient entre eux, sous la direction de quelques patrons choisis, qui viendraient là faire leur cours, deux ou trois fois chaque semaine, comme les maîtres peintres vont donner leurs leçons. Il y aurait un atelier pour le travail du fer, un pour le travail du bois, un pour le tissage; ou plutôt, chaque ville organiserait l'enseignement des métiers selon l'industrie locale. Les enfants de nos lycées qui auraient terminé ce premier cycle que nous promet le projet de réforme, et qui n'auraient pas les aptitudes nécessaires pour poursuivre les études classiques, arriveraient dans ces écoles d'apprentis tout naturellement. Ils y trouveraient des enfants de leur âge, élevés par des parents moins riches, mais aussi bons que les leurs; et ce leur serait une transition très douce pour passer du travail de l'esprit, auquel ils n'étaient pas aptes, au travail des mains, qui leur conviendra mieux. Ah! si nous étions raisonnables, si nous avions seulement un grain de bon sens, comme nous devrions appeler de tous nos vœux ces écoles fécondes, où les aptitudes pareilles se rencontrant à l'orée de la vie, malgré la diversité des origines, on verrait se former, dans cette heureuse fusion, un nouveau peuple, intelligent, instruit, éclairé, moral, définitivement uni dans la sainte fraternité du travail !

Je vous le demande, Mesdames, Messieurs, cette conception n'est-elle pas plus sensée et plus saine que ce vieil organisme de notre instruction publique, vieux de plusieurs siècles, suranné, décrépit, déformé par l'usure, et gâté jusque dans ses moelles par nos préjugés infectieux.

La réforme de l'enseignement secondaire ne suffit pas. Il en faut une pareille dans l'enseignement primaire : une réforme qui prolonge en le complétant la durée de cet enseignement, et qui jette un pont nécessaire pour l'échange des sujets, selon leurs aptitudes, entre les études classiques et les études professionnelles. Il faut surtout que cette réforme achève la formation morale du jeune ouvrier. La troisième république a beaucoup fait pour l'enseignement primaire : on voudrait pouvoir louer son œuvre sans réserve ; mais il faut avouer qu'elle restera inachevée tant que l'enfant du peuple quittera l'école si jeune et si imparfaitement formé à la pratique de ses devoirs.

*<br>* *

—Il ne suffit pas en effet de faire apprendre aux enfants des leçons de morale. Il faut qu'il les comprennent, qu'ils en soient pénétrés, qu'ils s'habituent à y conformer leurs actes et à se juger eux-mêmes d'après les principes généraux qu'on leur a dictés.

La leçon demeure lettre morte, si elle ne devient

pas dans l'usage de la vie une discipline. Mais que de conditions à remplir pour que l'enseignement moral ne reste pas purement formel et théorique! La première de ces conditions c'est de s'imposer à la volonté. Qu'est-ce donc qu'une règle que l'on discute, et à qui l'on ne se soumet que selon son bon plaisir? On aura beau dire qu'il est une morale naturelle gravée au cœur de l'homme, et l'on s'écriera vainement avec Rousseau : « Conscience, « conscience, immortelle et céleste voix!.. ». La conscience ne suffit pas, parce qu'il y a des consciences de toutes sortes ; et si vous prétendez m'imposer au nom de votre conscience des devoirs que je ne sens pas, fussiez-vous le plus grand philosophe du monde, je ne vous reconnais pas le droit de lier ma conscience. Vainement me direz-vous avec Kant : « Agis toujours de telle sorte que tu puisses désirer « que ton acte particulier soit érigé en loi générale. » Je puis me tromper de la meilleure foi du monde : suffira-t-il, pour changer mes erreurs en actes moralement bons, que je souhaite de tout mon cœur qu'elles deviennent la loi de mes semblables? Et puis, je vous le demande, qu'est-ce que l'enfant comprend à ce sublime langage?

Vainement encore prétendra-t-on que de hauts et puissants esprits, affranchis des passions et des préjugés vulgaires, capables de concevoir « ces « rapports nécessaires qui dérivent de la nature des « choses, » et portés à bien faire par la claire notion de l'ordre beau en soi, et désirable pour soi-même, trouvent dans cet *impératif catégorique* la formule de leur vie morale et donnent au monde le spectacle de vertus admirables. Est-on bien sûr qu'ils échappent à l'influence de cette atmosphère de christianisme dans laquelle ils vivent? Qui dira ce qui se passe dans le secret de leurs consciences?

Qui peut affirmer que l'action de la grâce ne s'y fait pas sentir? Questions délicates, qu'il ne nous est pas permis de trancher ni de retrancher à la légère. Disons seulement ici que ces hommes rares se sont élevés à des sommets où il est difficile de les suivre. Pour marcher sur leurs traces, il faudrait se nourrir de leur science, entrer dans leur métaphysique, mettre nos esprits en. communion avec les leurs. Est-ce là une méthode accessible à la foule des hommes? et suffira-t-il que les plus savants d'entre nous aillent chercher sur ces cimes qui échappent à nos regards les premiers principes de la morale, pour nous les rapporter et nous les imposer, Moïses nouveaux d'un Sinaï laïcisé?

Mais alors, direz-vous, c'est la cause de l'enseignement religieux que vous plaidez? — Peut-être. — Et ne savez-vous pas que l'école primaire doit être neutre? — N'espérez pas que je me prononce ici sur une question si dangereuse. Je crois que l'enseignement de la religion et la pratique de la morale chrétienne sont les plus sûrs garants de la moralité publique. Le positiviste Alexandre Bain dit en propres termes : « Nous demandons au maître de l'école « primaire d'enseigner la religion, en la présentant « à la fois avec son propre caractère, et comme la. « base de la morale la plus élevée (1) ». Je ne suis pas ici pour rechercher si l'enseignement religieux doit tenir une place quelconque dans l'école, c'est la question qui nous divise le plus ; et telle est la tolérance de nos jours que, quelque solution que l'on propose, on attire l'orage et l'on se fait foudroyer. Disons donc seulement que l'enfant du peuple ne passe pas toute sa vie à l'école, et qu'en dehors de l'école, l'œuvre de son éducation doit se

(1) *La science et l'éducation*, trad. éditée par Félix Alcan, 8e éd., p. 305.

continuer. Or la morale chrétienne n'est-elle pas excellemment appropriée aux besoins du peuple? et ne serait-ce pas grand dommage de la supprimer; car certainement il serait malaisé d'en constituer une autre aussi impérative et aussi douce, aussi pratique et aussi pure, aussi secourable aux malheureux, aussi conforme à l'idée moderne de la solidarité.

Longtemps avant que ce mot magique et sonore eût été forgé, la charité chrétienne avait réuni les hommes par la compassion de leur commune misère, et leur avait imposé la loi de l'amour mutuel. Elle avait proclamé l'obligation stricte, pour celui qui possède, de partager avec les pauvres ; elle avait maudit le mauvais riche, et donné comme exemple au monde le bon Samaritain. Elle avait exigé davantage encore : elle avait prescrit la bienveillance universelle et condamné ceux qui se réjouissent du malheur d'autrui, et les langues perfides qui blessent comme des flèches aiguës, et brûlent comme des charbons ardents. En sorte qu'il est impossible aujourd'hui de parler des vertus sociales sans avoir l'air de commenter les paraboles de Jésus, ou la magnifique épitre de saint Paul aux Corinthiens, vous savez, celle où il est dit que « la charité est patiente et douce ; qu'elle n'est « point envieuse ; qu'elle n'est point ambitieuse, « qu'elle ne cherche point son propre intérêt ; qu'elle « ne pense pas le mal ; qu'elle ne se réjouit point « de l'iniquité ; mais qu'elle met sa joie dans la « vérité (1) ».

*<br>* *

Justice et vérité, voilà les deux mots que je veux retenir en finissant. Ils résument le programme de

(1) S. Paul, Ep. aux Cor. I, 13.

l'éducation qu'il convient de donner à ces jeunes hommes qui n'auront pas à diriger le mouvement social, mais qui en seront les indispensables auxiliaires. Il faut leur apprendre à aimer la vérité, même quand elle est dure à entendre, même quand elle heurte leurs préjugés et leurs amours-propres. Que l'amour de la vérité leur fasse haïr les sophismes, même les plus séduisants et les plus flatteurs ; et que l'amour de la justice leur inspire le respect du mérite, partout où il se trouve. Qu'ils soient justes, ces jeunes hommes, pour n'être pas jaloux et envieux ; pour reconnaître la supériorité morale et intellectuelle et pour lui laisser le redoutable privilège des initiatives et des responsabilités. Qu'ils soient justes, dans la comparaison qu'ils font d'eux-mêmes avec les autres. La République ne les a pas arbitrairement classés dans le rang des simples soldats ; juste elle-même autant que libérale et généreuse, elle appelle tous ses enfants à concourir pour les premiers grades. Particulièrement bienveillante aux plus déshérités, elle leur tend la main pour les aider à monter. Qu'ils montent donc !... Mais si le souffle leur manque, je veux dire si l'intelligence, l'énergie, le jugement ne répondent pas chez eux à la grandeur de la tâche, qu'ils voient la vérité, qu'ils la saluent, et qu'ils aient la justice de rester dans le rang. En fin de compte, l'honneur est le même pour tous ceux qui font bien leur devoir ; la souveraine justice juge chacun plutôt selon ses moyens que selon ses œuvres ; et si la gloire des chefs fait plus de bruit dans le monde, à cause de l'envie qui s'en mêle, nul ne conteste celle du petit troupier : c'est lui qui gagne les batailles !

# Dans le Cinquième État

MESDAMES, MESSIEURS,

Tout n'est pas dit sur l'éducation des futurs citoyens si l'on s'est borné à la considérer dans la classe bourgeoise et dans la classe ouvrière. Au-dessous du tiers et du quatrième état, il y a une autre catégorie, un cinquième état, constitué par cette multitude interlope d'avariés, de déracinés, comme on dit, parasites infectieux qui pullulent sur la société et vivent à ses dépens, troublent la paix publique et entretiennent le ferment de ces passions basses et sanguinaires que l'on voit déborder aux jours d'émeute et de révolution ; hommes sans aveu, pour qui tout ordre social est une gêne, et que l'on trouvera toujours là où il y aura quelque chose d'utile à détruire ; natures viciées soit par la dépravation congénitale, soit par l'influence du milieu, soit par leur propre malignité ; caractères déformés par les poussées de l'orgueil, la mollesse de la volonté, la corruption du cœur, le vagabondage de l'imagination. Les moins mauvais semblent de grands enfants, et comme de vieux gamins, à qui les années sont venues sans mûrir leur jugement, sans éclairer leur raison. Leurs corps se sont développés plus ou moins normalement, mais leurs âmes sont restées ce qu'elles étaient vers la treizième ou la quinzième année, dénuées d'énergie et de sens moral, incapables de résister aux mauvais instincts de la bête qui, comme vous le savez, habite en chacun de nous. Ces hommes manqués, s'ils sont inoffensifs, vivront dans le vagabondage et la mendicité ; s'ils ont des passions mauvaises, ils vont grossir cette armée du crime qui rôde autour de la société.

Ici encore il y a une œuvre d'éducation à accomplir. Je voudrais vous en montrer l'importance et les moyens. Ce sera l'objet et la division de cette troisième conférence.

*<sub></sub>*

Ne croyez pas, Mesdames, Messieurs, que ce cinquième état soit de mon invention, et que je l'aie imaginé en quelque sorte pour le plaisir de parler plus longuement, ou par un besoin de symétrie. La statistique nous livre à ce sujet des chiffres aussi probants que pittoresques.

Il y a en France environ 38 millions d'habitants. Combien appartiennent au tiers état, et combien au quatrième ? c'est ce que je ne saurais dire, parce que, selon un mot désormais célèbre, il est très difficile de distinguer les bourgeois de ceux qui ne le sont pas : beaucoup le sont déjà sans le savoir, et beaucoup sont tout étonnés de ne plus l'être.

Pour le cinquième état, c'est autre chose : on en connaît l'effectif assez approximativement. Les dernières statistiques, dressées par les soins du ministère de la justice, indiquent pour 1898 le chiffre total de 206.409 condamnés, soit par les cours d'assises, soit par les tribunaux correctionnels. C'est donc à peu près la deux-centième partie de la population totale. Autrement dit, sur 200 Français, il y en a en moyenne 1 pour le cinquième état ; et si ce chiffre vous semble négligeable, je vous prierai de remarquer que pour une ville de 30.000 habitants cela fait 150 ; c'est déjà une dose appréciable, n'est-il pas vrai ?

Approchons-nous de ce cinquième état, et faisons plus ample connaissance avec lui. Sur ces 206.409 condamnés, 2.226 ont été jugés par la Cour d'assises et 204.183 par les tribunaux correctionnels.

Les enfants, qui nous intéressent surtout, puisqu'il s'agit d'éducation, doivent être maintenant dénombrés à part, et nous pouvons ici donner des chiffres correspondants aux trois états de la société.

L'enseignement secondaire compte environ 180.000 élèves ;

A l'enseignement primaire il y a en chiffres ronds 2.000.000 de présences effectives.

Les dernières statistiques du ministère de la justice (1898) indiquent, pour les mineurs au-dessous de seize ans, 17 condamnations prononcées par les Cour d'assises et 1.285 par les tribunaux correctionnels. C'est donc un total de 1.302 enfants condamnés dans une année. Mais ce nombre représente un total de garçons et de filles. Comme il y a à peu près cinq fois plus de garçons déférés aux tribunaux correctionnels, on peut en déduire, ce que la statistique ne nous dit pas, qu'il y avait en 1898 environ 1.000 garçons condamnés.

Toutefois, ces 1.000 jeunes condamnés ne représentent pas l'effectif complet de cette jeunesse du cinquième état. Il faut évidemment y ajouter les enfants qui ne suivent pas l'école primaire où ils

devraient être : ces enfants sont déjà hors de la
règle, et leurs parents ou répondants sont en contravention. Or, on estime à 300.000 le nombre des
enfants soustraits à la loi scolaire.

En résumé, nous avons approximativement les
proportions suivantes : pour 9 au lycée ou au
collège, 100 à l'école primaire, 15 à l'école buis-
sonnière. La proportion de ces derniers paraîtra
sans doute bien forte, si on la rapproche de celle de
l'enseignement secondaire: 9 au collège, 15 dans la
rue ou sur les routes. Ce chiffre justifie l'étude que
nous voulons faire de l'éducation dans le cinquième
état.

*
* *

Mais ici, pour traiter tout le sujet, il ne faudrait
pas seulement considérer l'éducation des enfants.
Nous l'avons dit, presque tous ces hommes que
leurs fautes mettent au ban de la société, sont
comme des attardés, dont le développement moral
et intellectuel peut souvent être complété par une
éducation appropriée. Or on a senti vivement, dans
ces dernières années, l'urgence de cette éducation
spéciale. De 1856 à 1894, le nombre des récidivistes
avait suivi une marche incessamment progressive.
De 42.255, il s'était élevé à 106.234. Alors s'est
manifestée sur toute la surface de notre territoire
cette admirable éclosion d'œuvres de patronage
pour les libérés. De toutes parts on s'est préoccupé
non seulement de recueillir ces malheureux à leur
sortie de prison et de leur donner un honnête
gagne-pain, mais encore de préparer, pendant la
durée même de leur détention, leur relèvement
moral, par des visites, des exhortations et des
conseils qui portent leurs fruits. Et l'on a vu depuis

cette époque diminuer notablement ce contingent des récidivistes, puisque en 1898, on n'en compte plus que 94.721. C'est encore beaucoup trop, car la moitié des condamnés sont des récidivistes ; mais il y a progrès, et ce progrès permet d'en espérer d'autres. M. le garde des sceaux, dans son rapport de 1898, attribuait principalement cet heureux résultat à l'application des lois des 27 mai 1885 et 26 mars 1891, concernant le sursis à l'exécution de la peine. Il n'est pas défendu de penser que les œuvres de patronage y sont aussi pour quelque chose..

Je sortirais du cadre de ces études, si j'entreprenais d'exposer ici tout ce qui se fait et tout ce que l'on pourrait faire de plus pour le relèvement, le reclassement et la réhabilitation des condamnés. Que de choses intéressantes dans cette pédagogie particulière ! J'en toucherai seulement les points principaux.

Dès le xiv<sup>e</sup> siècle, le Pape Clément V avait fait placer cette belle devise sur la porte de la prison Saint-Michel, à Rome : « *Parum est coercere improbos poena, nisi probos efficias disciplina.* — C'est peu d'arrêter les méchants par le châtiment, si on ne les rend pas bons par l'éducation. » Et de nos jours, M. Bovier-Lapierre, rapporteur du budget pénitentiaire, traduit ainsi la même pensée : « La peine doit « avoir plutôt pour but de relever l'individu que de « le punir. »

On a pensé tout d'abord à instruire les détenus ; et l'école à la prison fournirait à elle seule la matière d'un volume. Créé par un arrêté du 15 décembre 1819, cet enseignement primaire devait se borner à la lecture, à l'écriture, aux premiers éléments du calcul. Les cours étaient confiés aux plus instruits des détenus. La loi du 28 juin

1833 agrandit ce programme, en y faisant entrer les éléments de la langue française et le système légal des poids et mesures. On comptait beaucoup alors sur l'instruction pour moraliser, et, comme on le disait dans une phraséologie plus généreuse qu'éloquente, « pour appeler et encourager les con- « damnés dans les voies de l'honnêteté, pour faire « pénétrer dans leurs âmes les sentiments dont l'ab- « sence ou l'oubli les entraîna dans le sentier du « crime. » Une circulaire de M. de Rémusat, en date du 24 avril 1840, compléta l'organisation de cet enseignement en le confiant à des fonctionnaires spéciaux. Enfin, les derniers traits de cette institution ont été fixés par des circulaires ministérielles de 1866 et 1876.

Mesdames, Messieurs, tout le monde n'est pas d'accord sur l'efficacité de ce traitement par l'instruction primaire ; et j'avouerai que je suis de ceux qui se tiennent à son égard dans un prudent scepticisme. Je sais qu'il est de mode de proclamer la vertu moralisatrice de l'instruction ; et je crois qu'on a raison en général. J'ai dit dans ma première conférence qu'une instruction solide et prolongée avait une vertu éducative. Je ne me dédis pas : mais nous ne considérions alors que l'éducation des esprits normalement équilibrés. Or c'est une question de savoir si l'instruction, appliquée à des esprits faussés et viciés, ne produit pas des résultats tout contraires à ceux que l'on en attend d'ordinaire. Sans insister sur cette controverse, je constaterai seulement que la récidive a augmenté juste dans le temps où l'instruction primaire est devenue obligatoire ; et que la gravité des crimes et des délits semble précisément croître avec le niveau d'instruction des coupables. Je ferai remarquer en outre que, dans des prisons à courte peine, dans les maisons d'arrêt comme celle de Laval, où l'on ne garde que les condamnés à des peines ne dépassant pas un an, et où se trouvent des détenus de tous les âges, de conditions très variées, il est excessivement difficile, pour ne pas dire impossible, de faire fonctionner normalement et utilement une école. Ajoutez ce va-et-vient continuel d'entrées et de sorties, qui rend impraticable un enseignement régulier et méthodique. Un homme très compétent, directeur d'une de nos circonscriptions pénitentiaires, a très bien montré qu'il fallait donner à ces écoles, surtout dans les maisons centrales, un caractère très pratique. Il faudrait qu'elles fussent plutôt des écoles professionnelles, où ceux qui n'ont pas de métier pourraient en apprendre un. La grande masse des détenus est composée d'hommes sans profession spéciale : journaliers, camelots, garçons de café, *plongeurs*, etc. M. Henri Joly, qui fait autorité dans ces questions, signale comme une des causes d'augmentation de la criminalité la décadence générale de l'apprentissage. Profitez donc des deux, trois ou cinq années pendant lesquelles un homme expiera son crime, pour lui faire apprendre un métier, ou pour le perfectionner dans celui qu'il a appris étant jeune, et que souvent il aura depuis longtemps abandonné. Donnez largement dans nos prisons l'instruction industrielle et commerciale ; ayez à votre disposition des terrains que vous ferez cultiver par ceux de vos détenus qui appartiennent aux classes rurales, et qu'il importe beaucoup de ne pas détourner de leur destination naturelle, surtout à une époque où l'agriculture est délaissée pour notre plus grand dommage (1).

Je ne fais qu'effleurer ici ce qui concerne l'édu-

---

(1) V. MM. MARKOVITCH et BAILLEUL, *Rapports présentés au Congrès international du Patronage des Libérés*, à Paris, 1900.

cation des adultes. Commencée à la prison, elle doit se continuer encore quelques années ou quelques mois au moins après la libération; car le prisonnier ne se retrouve pas, du jour au lendemain, dans une situation normale, au milieu du monde. Il faut qu'il refasse l'apprentissage de la liberté. Alors commence le rôle du patronage.

Considérez, Mesdames, Messieurs, le patronage comme une forme spéciale de l'éducation, dans laquelle l'élève se met sous la direction du maître, non seulement pour être instruit, mais pour être surveillé, guidé ou repris dans tous ses actes. Le patron va donc jouer le rôle d'un père, et c'est pourquoi il en prend à peu près le nom : et je ne connais pas de forme plus élevée de la solidarité humaine que cette intimité, réclamée par le faible, consentie par le fort, et qui devient contre le mal une alliance dont profite la société tout entière.

L'éducation, ou la rééducation commencée à la prison va donc, grâce au patronage, être continuée à l'air libre. Mais il faut une transition. Il faut des asiles, où pendant un certain temps, le libéré s'accoutumera à la pratique d'une discipline morale librement acceptée. Or cette discipline doit être sévère, car il faut qu'elle dompte les mauvais instincts, les passions fougueuses, causes premières de malheurs qui se renouvelleront tant que la loi morale et la volonté n'auront pas pris le dessus : et cela ne se fait pas en un jour. C'est un long et dur combat, dans lequel il faut être soutenu vigoureusement. Livré à lui-même, abandonné aux hasards de la vie journalière, perdu dans la masse des pauvres diables qu'agitent souvent les mêmes tentations, ou des tentations plus fortes encore, que deviendra notre libéré repentant, et que deviendront ses résolutions? Je ne parle pas des assauts que lui livreront ses camarades des mauvais jours, ni des rebuffades que les honnêtes gens lui réservent. Comment son courage tiendra-t-il bon jusqu'au bout, si vous ne lui venez en aide, si vous ne lui donnez momentanément un asile de paix, une retraite, et, comment dirai-je? *un sanatorium*.

Malheureusement, ces précieuses et bienfaisantes maisons sont rares en France. Elles exigent d'abord de la part de ceux qui les dirigent une abnégation que rien n'égale, une fermeté d'âme à toute épreuve, une psychologie pénétrante, enfin un très grand sens pratique; car s'il faut beaucoup philoso-pher, dans ce milieu, il y faut d'abord vivre. Il y a en France un ou deux asiles de ce genre. J'en con-nais un qui est une merveille, c'est l'asile de Saint-Léqnard, à Couzon, près Lyon. Chaque circonscrip-tion pénitentiaire devrait posséder un refuge semblable.

*<br>* *

Mais il me tarde de rentrer dans mon vrai sujet : l'éducation des enfants. Revenons donc à ces 300.000 petits bonshommes dont vous vous souvenez peut-être, et qui, pendant que leurs autres petits camarades allaient au lycée ou à l'école primaire, étaient on ne sait où.

Où étaient-ils, je vais vous le dire. Pour la plu-part, ils étaient sur la grand'route ou dans la rue; et je vais vous conter comment cela arriva. Ou plutôt je vais vous le faire conter par l'un d'eux. C'est le style d'un garçon de treize ans, qui, à la vé-rité, était quitte avec l'école primaire, puisqu'il avait obtenu son certificat d'études; mais ses souvenirs, que je conserve précieusement, nous apprendront d'une manière très authentique comment on devient un vagabond.

Vers la fin de l'année 1892 et le commencement de 1893, le choléra vint s'abattre sur Gâvres et ma pauvre mère en fut une des victimes. Le lundi 16 mars, ma mère était allée chercher du lait caillé à la Falaise, — un endroit appelé ainsi parce que ce n'était que falaises et dunes de sable. C'est là qu'habitent les ouvriers. — Ils avaient presque tous des vaches, et vendait du lait et du caillé. Ma mère alla chercher du lait chez une de ces marchandes, à un kilomètre de Gâvres. En revenant, sur la route, ma mère tomba malade; mais elle parvint à arriver à la maison, et se coucha aussitôt, prise de vomisssements. Quand moi et mes frères revinrent de l'école, à quatre heures du soir, nous la trouvâmes couchée, se plaignant des vomissements. Mon père et moi crûmes que c'était une indisposition, comme ma mère en avait souvent; mais dans la nuit, le mal s'aggravant de plus en plus, vers les cinq heures du lendemain matin j'allai au Port-Louis trouver le docteur, Monsieur L..., lui disant de venir le plus tôt possible, car ma pauvre mère se trouvait très mal.

Vers les huit heures du matin, le docteur arriva, examina ma pauvre mère, et prescrivit des remèdes, puis s'en alla l'air triste. Quand le docteur fut parti, j'allai chercher les médicaments nécessaires chez les Sœurs. Mais rien n'y fit, le mal s'aggravait de plus en plus. Vers le soir, comme ma mère demandait à boire, mon père m'envoya au Port-Louis chercher une bouteille de limonade.

A neuf heures du soir, ma mère demanda à boire; mon père lui donna un verre de limonade. Au moment où ma pauvre mère allait le boire, elle tomba sur son oreiller morte. A ce moment, mes frères et moi nous dormions. Au cri poussé par mon père, nous nous réveillâmes, et comprîmes l'horrible vérité. Puis nous versâmes des larmes abondantes sur le malheur qui nous frappait..... J'écris des lettres aux parents les plus proches, pour assister à l'enterrement de ma pauvre mère, qui devait avoir lieu à dix heures du matin de la même journée.

Aussitôt la mise en bierre, l'on fit les préparatifs de la funèbre cérémonie. A dix heures moins le quart mes parents arrivent; et à dix heures les compagnons de travail de mon père arrivent avec le recteur et un enfant de chœur qui porte la croix. Ils emportent ma pauvre mère dans sa dernière demeure, mes frères (et moi) n'ayant pu aller à la cérémonie funèbre, car n'ayant point d'effets, nous restâmes à la maison, qui nous semblait déserte maintenant que notre pauvre mère n'y était plus.

Depuis ce jour tout fut changé à la maison. Je n'allais plus à l'école; je restais habiller mon petit frère, qui était âgé de deux ans. Je faisais la cuisine tant bien que mal, ainsi que le ménage. Le soir mon père criait sur mon dos qu'il manquait une chose ou une autre; et c'était mes frères qui l'avait prise. Et par dessus le marché, mon père s'enivrait et dépensait l'argent au cabaret, au lieu de l'apporter à la maison.

Au bout de quinze jours de cette vie, mon père prit une femme de soixante-quinze ans pour bonne de ménage. Alors je continuai à aller en classe. Au bout de huit jours chez nous, la bonne s'en alla, car nous lui faisions trop de misère. Mon père en prit une autre, et ce fut la même chose.

Un jour, mon père m'ayant battu, pour une chose que je n'avais pas commise, je partis, et j'allai à Hennebont-Lochrist travailler aux forges de Kerglano (?), où je restai vingt-six jours en gagnant un franc par jour. Mon père ayant su où j'étais, il vint me chercher pour retourner à la maison. Je partis avec lui.

*Chemin faisant, il me dit qu'il venait de se fiancer avec une personne de vingt-huit ans, pour s'occuper du ménage et de mes frères, et il me demanda si j'étais content de cela. Je lui répondis que je voulais bien, pourvu que la personne fut honnête et qu'elle s'occupa réellement de nous. Mais quand il me dit que c'était avec une personne qu'on appelait Madame, à cause qu'elle faisait la fière, je lui répondis que je ne resterais pas longtemps à la maison à cause que cette femme s'enivrait.*

*Huit jours après que j'arrivai à la maison, mon père se remaria, et personne de mes frères et moi furent invités. Nous fûmes relégués toute la journée. Nous eûmes seulement le soir un peu de viande froide et de soupe.*

*Quinze jours après, un dimanche matin, comme je n'avais pas seulement une paire de sabots pour mettre dans mes pieds, j'en demandai l'argent nécessaire à ma belle-mère ; mais celle-ci me répondit d'en demander à mon père. Je demandai donc à mon père. Lui, il me répondit que j'étais assez fort pour gagner moi-même ce que j'avais besoin. Alors je lui demandai mon certificat d'études primaires, et je m'en allai.*

Quelques semaines plus tard, les gendarmes arrêtaient ce malheureux enfant non loin d'ici et l'emmenaient au parquet, inculpé de vagabondage et de vol...

Messieurs, la justice n'est complète que quand la pitié s'en mêle. Le juge eut pitié de l'enfant. Notre société de patronage le recueillit. Il était sauvé !

Que d'histoires je pourrais vous raconter sur le même thème ! Hélas ! elles se ressemblent toutes. C'est toujours une mère chérie qui disparaît ; un père qui s'enivre, qui se remarie et qui frappe. De pauvres enfants qui deviennent étrangers au foyer paternel et qui s'en vont chercher parmi les étoiles des belles nuits le rayon de sourire de leur mère adorée, le frisson de tendresse dont leur pauvre petite âme si meurtrie a besoin !

Eh bien! je vous le demande, est-elle intéressante, cette enfance du cinquième état, et ne pensez-vous pas qu'il y a quelque chose à faire pour l'éducation de ces abandonnés? Certes, je ne prétends pas que les parents soient toujours responsables des vices qui entraînent leurs enfants hors du droit chemin. Il y a des natures indomptables qui se révèlent dès l'enfance et que la meilleure famille est impuissante à corriger. Il y a aussi des enfants complétement abandonnés ; et parmi eux, les uns sont bons, les autres sont mauvais, d'autres sont douteux. Voyez comme ici le problème de l'éducation se complique : il faut y considérer des éléments très divers : la moralité de la famille, quand il y en a une, et ses ressources ; les tendances de l'enfant, ses aptitudes et ses infirmités physiques et intellectuelles.

Le cas le plus simple est celui des enfants qui devraient être à l'école primaire et qui n'y sont pas, uniquement parce que leurs parents négligent de les y envoyer. Il y a pourtant une loi du 28 mars 1882 sur l'obligation de l'enseignement primaire. Elle édicte que « l'instruction primaire est obliga-
« toire pour les enfants des deux sexes âgés de
« 6 ans révolus à 13 ans révolus » (Art. 4); —
« qu'une commission municipale scolaire est insti-
« tuée dans chaque commune pour surveiller et
« encourager la fréquentation des écoles » (Art. 5);
— que « lorsqu'un enfant se sera absenté de l'école
« quatre fois dans le mois pendant au moins une
« demi-journée sans justification admise par la com-

« mission municipale scolaire, le père, le tuteur ou
« la personne responsable sera invitée, trois jours
« au moins à l'avance, à comparaître dans la salle
« des actes de la mairie, devant ladite commission
« qui lui rappellera le texte de la loi et lui expli-
« quera son devoir. En cas de non comparution,
« sans justification admise, la commission appli-
« quera la peine énoncée dans l'article suivant »
(Art. 12).

Voici cet article comminatoire : « En cas de réci-
« dive, dans les 12 mois qui suivront la première
« infraction, la commission municipale scolaire
« ordonnera l'inscription pendant quinze jours ou
« un mois, à la porte de la mairie, des noms, pré-
« noms et qualités de la personne responsable, avec
« indication du fait relevé contre elle » (Art. 13). —
Enfin, « en cas d'une nouvelle récidive, la com-
« mission scolaire, ou à son défaut l'inspecteur pri-
« maire, devra adresser une plainte au juge de
« paix. L'infraction sera considérée comme une
« contravention et pourra entraîner condamnation
« aux peines de police, conformément aux articles
« 479, 480 et suivants du Code pénal. »

Je ne sais, Mesdames et Messieurs, si vous admi-
rez autant qu'il convient la belle ordonnance de
cette législation, la hauteur et la gravité de son
langage. Malheureusement, tout cela est rendu
vain par une très petite chose que je demande la
permission de vous montrer. Pour qu'il y ait sanction contre la non-observance de la loi, il faut que
le délinquant soit déjà contumace, ou récidiviste.
La situation devient alors très grave pour la commission scolaire. Par amour pour la paix, par esprit
de conciliation, on évitera donc d'arriver à de si
fâcheuses extrémités ; et pour ne pas faire des récidivistes et des contumaces, on fermera les yeux.

Il n'y aura plus que les chiffres qui parleront, avec une implacable ironie, il est vrai. Mais qui écoute ce que disent les chiffres? Ils sont pourtant bien intéressants quelquefois — et ici en particulier, — car voici ce qu'ils disent :

Il y a en France 36.056 communes, et par conséquent 36.056 commissions scolaires. La proportion moyenne des enfants qui ne suivent pas, comme ils le devraient, l'école primaire, est de 12 p. 100, soit, en chiffres ronds, 300.000. C'est donc en moyenne à peu près *dix enfants* par commune qui manquent à la loi ; et ce chiffre paraîtrait assez faible, si ce n'était le formidable total qu'il donne en se reproduisant sur toute l'étendue du territoire. Mais voici où la plaisanterie devient affligeante. Pour ces 300.000 absences inexpliquées, savez-vous combien il y a eu de contraventions dressées, en 1898, date des dernières statistiques? 622. Soit, à peu près, 2 *centièmes* de contravention par commune ! autrement dit, 2 contraventions à peu près par 100 communes, ou 2 contraventions par 1.000 absences.

Si la miséricorde était bannie du monde, elle trouverait certainement un refuge dans cette admirable loi. Aussi le rapporteur de l'enseignement primaire, M. Maurice Faure, s'est-il ému d'une si décevante longanimité : « Les commissions scolai-« res, dit-il, prévues pour faire respecter l'obliga-« tion de l'enseignement primaire, ou ne fonction-« nent pas, ou sont impuissantes. Composées du « maire, ou d'un adjoint désigné par lui, président ; « d'un des délégués du canton... délégué par l'ins-« pecteur d'Académie; de membres délégués par le « Conseil municipal, et de l'inspecteur primaire, « elles ne peuvent être réunies que difficilement « et l'expérience prouve qu'elles ne sont guère dis-« posées à poursuivre les délinquants. » Et com-

ment auraient-elles l'héroïsme de les poursuivre ?
Ne faut-il pas bien, selon un mot fameux, qui n'est
pas d'ailleurs, comme on l'a dit, d'une noblesse
exagérée, ne faut-il pas « songer à ses circonscrip-
« tions? » M. Maurice Faure propose une solution
qui s'offrait à l'esprit de quiconque voulait bien
réfléchir sur l'imperfection de cette loi.

« Remplacer ces commissions scolaires par l'in-
« tervention du juge de paix qui, dans le canton, a
« toute l'autorité et l'indépendance nécessaire pour
« faire passer dans les faits l'obligation scolaire et
« pour réprimer l'incurie des parents, qui, en main-
« tenant leurs fils ou leurs filles dans l'ignorance,
« commettent une impardonnable violation des
« droits sacrés de l'enfant ».

Je ne sais pas, pour ma part, si les enfants sentent
toujours très vivement que leurs droits les plus
sacrés sont violés quand on ne les envoie pas à
l'école ; mais ce que nous savons tous, et ce que
l'on peut ajouter, c'est que le juge de paix, par les
attributions mêmes de sa magistrature, est tout
désigné pour surveiller l'application de la loi scolaire. C'est lui, en effet, qui a, par la loi, la charge
de veiller sur les intérêts des mineurs ; c'est lui qui
préside les conseils de famille, organise les tutelles,
et contrôle les contrats d'apprentissage. N'est-il pas
naturel qu'il contrôle aussi l'application de la loi
scolaire? (C. c. 405, 407. Loi du 22 février 1851).

Il n'est pas douteux qu'un très grand nombre de
ces enfants qui ne fréquentent aucune école soient
ou des enfants vicieux, qui se dérobent à toute surveillance et à toute autorité, ou des enfants que de
détestables parents soustraient eux-mêmes à la plus
sage et à la plus juste des lois sociales.

Nous avons donc à examiner maintenant comment l'éducation peut et doit se faire, malgré les

obstacles semés devant elle par ces diverses mauvaises volontés.

Ici, Mesdames et Messieurs, il me semble que le rôle de l'État ne saurait être exagéré parce qu'il s'agit de combattre un véritable fléau de la société. Cette enfance irrégulière, qui ne veut pas être instruite, qui échappe à la loi commune, c'est déjà le milieu corrompu où va se recruter cette classe improductive, parasitaire et nuisible, que j'appelle le cinquième état. Eh bien, le grand État a le devoir de se purifier lui-même de cette gangrène, et s'il le faut, il doit employer les remèdes les plus énergiques.

Mesdames, Messieurs, le droit naturel impose aux parents la charge d'élever leurs enfants ; et tant que les parents s'acquittent en conscience de ce devoir sacré, il faut respecter le droit de la nature et n'intervenir qu'avec une extrême réserve dans cette œuvre de la famille. Si jamais les peuples ont aspiré à cette forme de gouvernement que nous appelons la république, ce fut, n'en doutez pas, parce qu'ils y croyaient voir la garantie de ces libertés primordiales, sans lesquelles le contrat social n'est plus qu'un marché de dupes et d'esclaves. Tout dernièrement encore, on le disait en termes éloquents à la tribune française : « Une société ne « passe pas avant les principes essentiels qui la « constituent, et pour un être moral comme pour « un être physique il vaudrait mieux ne pas vivre « que de corrompre par avance les sources de la « vie (1). » J'applaudis de tout mon cœur à cette déclaration de principe, si vigoureusement formulée par un des chefs du parti qui semble précipiter le mouvement social à l'heure où nous sommes. La

(1) Discours de M. René Viviani à la Chambre des Députés, 2e séance du 13 février 1902.

raison d'être d'une république, c'est la défense de la liberté ; et c'est pourquoi, Messieurs, nos lois et nos magistratures républicaines entourent d'un grand prestige l'autorité du père de famille. Elle est quelque chose d'aussi sacré, n'est-il pas vrai ? que son vote lui-même ; car, par son vote comme par ses enfants, il prépare selon sa conscience l'avenir de son pays.

Mais si le père est indigne ou incapable ; il faut bien l'empêcher d'user de son double privilège ; et c'est, Messieurs, le rôle des tribunaux, d'examiner en des débats contradictoires, environnés de toutes les prudences que vous savez, si l'homme doit être dépouillé de ses droits civils ou déchu de sa puissance paternelle. Encore la justice humaine ne touche-t-elle à cette dernière que d'une main émue et tremblante, parce qu'elle sent qu'au moment précis où elle retire à l'homme son droit sur ses enfants, elle attente à l'œuvre de la nature.

Et elle ne le fait que poussée à bout par les fautes flagrantes du père, et comme sous le coup du péril moral que la dépravation d'un enfant va faire courir à la société. La loi du 24 juillet 1889 ne prononce la déchéance de la puissance paternelle que contre des parents dont l'inconduite ou l'immoralité sont reconnues. Mais avant d'arriver à cette extrémité, la Justice épuise toutes les combinaisons, et, si j'osais le dire, tous les expédients, jusqu'à se mettre elle-même à la disposition du père de famille pour l'aider, dans son impuissance, à contenir son enfant rebelle.

Je veux parler d'abord de la *correction paternelle*. C'est pour ainsi dire le second degré, le second cercle de cet enfer où nous descendons. Le père est honnête ; mais l'enfant révolté est plus fort.

Notre loi française va prêter main-forte au père ; elle institue à son usage et comme un attribut, comme un supplément de son autorité, la *correction paternelle*. « Le père qui aura des sujets de mécon-
« tentement très graves sur la conduite d'un enfant
« aura les moyens de correction suivants (Code
« Civil, art. 375) : Si l'enfant est âgé de moins de
« seize ans commencés, le père pourra le faire déte-
« nir pendant un temps qui ne pourra excéder un
« mois ; et, à cet effet, le président du tribunal
« d'arrondissement *devra*, sur *sa demande*, délivrer
« l'ordre d'arrestation (art. 376). — Depuis l'âge de
« seize ans commencés, jusqu'à la majorité ou
« l'émancipation, le père pourra requérir la déten-
« tion de son enfant pendant six mois au plus ; il
« s'adressera au président dudit tribunal, qui, après
« en avoir conféré avec le procureur de la Républi-
« que, délivrera l'ordre d'arrestation ou le refusera,
« et pourra, dans le premier cas, abréger le temps
« de la détention requis par le père (art. 377). »

Mesdames, Messieurs, voilà une autre loi qui prête à la critique, comme vous allez le voir.

Et d'abord, tout le monde n'est pas unanime pour admettre le principe même de la *correction pater-nelle*. Ce système de répression, qui donne au père le droit absolu de faire enfermer sans enquête l'enfant au-dessous d'un certain âge, et de mettre fin à cet emprisonnement quand il lui plaît, existe en Espagne, en Portugal et en Belgique comme en France, c'est-à-dire dans ce que l'on peut appeler les pays de droit latin, où la puissance paternelle, *patria potestas*, a gardé le plus de son ancien prestige. Toutefois, dès 1898, la commission royale de Patronage, en Belgique, a demandé au congrès des juges de paix que le père ne puisse plus que solliciter l'internement. La mère aurait le droit d'intervenir, soit pour appuyer la requête du père, soit pour la combattre. Le juge de paix, placé plus près des familles, et par là plus apte à les connaître que le président du Tribunal, déciderait en cette matière. Encore l'enfant aurait-il la faculté d'en appeler de sa décision au président du Tribunal.

Dans les pays germaniques, anglo-saxons et scandinaves, en Roumanie, en Grèce et au Japon, jamais le magistrat ne prononce l'internement sans une enquête. L'internement est illimité, en principe ; le père n'a pas le pouvoir de le faire cesser selon son bon plaisir. On estime, dans ces pays, que la société tout entière est intéressée au redressement moral d'un enfant reconnu vicieux, lorsque le père avoue son impuissance en sollicitant le concours de la force publique.

Cette manière de raisonner ne vous semble-t-elle pas très juste ? Un des hommes qui connaissent le mieux ces questions, en France, un Universitaire de grande marque, M. H. Joly, nous donne à ce sujet des renseignements fort utiles : « D'une longue série « de visites au quartier de la correction paternelle « de la *Petite Roquette*, j'ai retiré cette conviction : « que les enfants dont je m'occupais pouvaient se « partager en deux classes. Les uns avaient des « parents passables, ou mêmes bons, mais hors d'état « de s'occuper d'eux, les ayant laissés grandir à « l'aventure, père veuf ou mère veuve, père employé « toute la journée et quelquefois une partie de la « nuit à des fonctions publiques (sergents de ville, « gendarmes, douaniers, cantonniers, gardiens) ; « mère obligée de passer une partie de son temps « hors de chez elle ; et alors le relâchement, l'esprit « d'émancipation et de désordre précoce qui en était « résulté chez les enfants ne pouvait pas être guéri, « il n'était qu'exaspéré par une courte détention.

« Les autres appartenaient à ces familles désunies,
« vicieuses, où les pires exemples abondent, où la
« brutalité alterne avec une faiblesse inouïe. C'est
« là que la *Petite Roquette* est trop souvent envisa-
« gée comme une bastille démocratique et comme
« un lieu où l'on se débarrasse à volonté d'un témoin
« gênant.

« Cette dernière tendance est d'autant plus accu-
« sée que ces familles trouvent aisément le moyen
« de se dispenser de payer pour la pension du petit
« détenu. Dès lors il suffit du moindre prétexte,
« très souvent d'un chômage involontaire dont l'en-
« fant est plus la victime que l'auteur responsable,
« mais qui interrompt l'apport de son salaire, pour
« déterminer la famille à réclamer la détention ;
« elle sait que l'État seul fera les frais, et que,
« quant à elle, ses dépenses seront diminuées
« d'autant (1). »

De ces observations et des exemples qui les pré-
cèdent, nous pouvons conclure à l'opportunité, à
l'urgence de modifier les articles 375 et 376 de
notre code civil, en y introduisant l'obligation d'une
enquête préalable, d'un débat contradictoire et d'un
jugement qui enlève à l'arbitraire d'un homme la
durée de l'incarcération d'un enfant, cet homme
fût-il son père.

Mais ce n'est pas tout. En autorisant l'internement de l'enfant rebelle sur la simple demande du
père, notre loi française ne s'occupe ni de son éducation ni de son instruction. Or, cette lacune est
vraiment étrange, et même épouvantable. En Bel-

_________

(1) H. JOLY, *Rapport présenté au Congrès International de
patronage des libérés*, Paris, 1900. — Je dois beaucoup aussi, pour
cette partie de mon travail, aux études présentées à ce même congrès
par M. Jaspar, avocat à la Cour d'Appel de Bruxelles, et par M. Cuche,
professeur agrégé à la Faculté de droit de Grenoble.

gique, la loi du 27 novembre 1891 l'a comblée en permettant au père de placer son enfant dans une *école de bienfaisance de l'État*. Ces écoles de bienfaisance sont tout simplement des maisons de réforme et de correction à l'usage de la classe pauvre. Nos voisins estiment avec juste raison que l'internement d'un enfant doit assurer non pas la punition, mais l'éducation.

Quant à nous, la grande nation, la nation libre, nous en sommes encore, sur ce point, comme on le faisait remarquer tout à l'heure, au régime de l'embastillement pur et simple.

En Suède et en Norvège, en Allemagne, en Autriche, en Angleterre, en Italie, on a compris, comme en Belgique, que l'internement devait être un procédé d'éducation substitué à un autre. Et il est bien évident que l'on devrait y regarder non pas à deux fois, mais à cent fois, avant de faire franchir à un enfant le seuil de la prison. Le proverbe connu : Il n'y a que le premier pas qui coûte, trouve ici une terrible application. On demeure stupéfait quand on pense que c'est notre législation elle-même qui invite en quelque sorte le père à faire faire ce premier pas à son enfant.

Je sais bien que les familles aisées, où il se trouve aussi de mauvais sujets, ne sont pas réduites à cette désolante nécessité. Nous avons en France des maisons de correction admirablement installées où les enfants pervers, soigneusement mis à l'isolement, reçoivent avec une éducation appropriée aux difficultés de leur caractère une instruction aussi complète qu'on peut la souhaiter. Voici ce que je lis sur le prospectus du Collège de Répression fondé à Mettray sous le nom de « Maison Paternelle », et qu'il ne faut pas confondre avec la colonie pénitentiaire :

« Les élèves occupent un logement séparé et ne
« s'aperçoivent jamais entre eux, pas même à la
« chapelle, pendant les offices. » (Ceci est si vrai
qu'on cite l'exemple de deux frères qui avaient été
élevés en même temps à la « Maison Paternelle »
et dont chacun ignorait que l'autre avait partagé
son sort pendant des années.)

« Le programme d'enseignement est complet ; il
« comprend les lettres, les sciences, les langues
« étrangères et même les arts d'agrément.

« Une telle organisation entraîne nécessaire-
« ment des frais considérables.

« Nous avons donc été obligés de fixer le prix de
« pension comme il suit :

« 100 francs en entrant, une fois payés, pour
« amortir, autant que possible, les frais de premier
« établissement.

« 250 francs *par mois*, pour les classes élémentai-
« res et de grammaire.

« 300 francs *par mois*, pour les classes de seconde,
« de rhétorique, de philosophie et de mathémati-
« ques élémentaires.

« Les langues étrangères, les arts d'agrément,
« les livres et les fournitures de bureau et de dessin
« se paient en dehors de la pension. »

Il y a un *Nota*, que voici : « En présence de
« retards considérables dans le paiement des pen-
« sions... le Conseil d'administration de la société
« paternelle, dans sa séance du 12 mars 1897, a
« décidé qu'à l'avenir, il serait déposé à l'entrée,
« comme garantie, une somme de 500 francs. »

Voilà certes une éducation de premier choix, et,
si j'ose dire, une éducation de prince. Cela prouve
peut-être qu'il y a quelquefois des princes qui ont
besoin d'être mis à bonne école pour ne pas tomber
dans ce cinquième état, où ils ne seraient plus véri-

tablement que des *ci-devant*. Et cette éducation princière fait merveille. J'en connais qui sont partis de là, et qui portent aujourd'hui l'épaulette. C'est à leur honneur, Messieurs ; c'est à l'honneur aussi de la maison qui les a formés ; et c'est encore à l'honneur de la thèse générale de l'éducation réformatrice que je soutiens aujourd'hui devant vous.

Mais ces grandes maisons ne sont point l'affaire du petit peuple qui, il faut bien le reconnaître, à cause de mille soucis qui le détournent de l'éducation de ses enfants, à cause trop souvent aussi et surtout de l'insuffisante durée de l'enseignement primaire et des ravages que la liberté relative de l'atelier exerce dans l'âme des jeunes enfants, est le plus ordinaire client de la *correction paternelle*.

Nous avons bien quelques écoles professionnelles d'un genre à part, où l'on consent à recevoir des enfants difficiles. J'en connais une en particulier dont les prix sont à peu près abordables, puisque la pension n'y est que de 30 francs par mois. Il est vrai qu'on a la prétention de vous faire payer les frais de gendarmes pour rattraper ceux qui désertent. Ce n'est pas encore notre affaire ; et nous sommes contraints de reconnaître que, dans l'état actuel de notre organisation sociale, les pauvres gens qui ne peuvent plus venir à bout d'un enfant mauvais n'ont plus d'autre ressource que de le mettre en prison. « Ce qui tend à prouver, » — dit M. le professeur Cuche dans son rapport sur la correction paternelle, présenté au Congrès de patronage des libérés de 1900, — « ce qui tend à prouver qu'en « France, la morale comme l'hygiène n'est pas à la « portée de toutes les bourses. »

Il faudrait pourtant songer à ce problème et le résoudre parce que, dans l'état moderne, selon la remarque du même professeur, « le jour où la puis-

« sance paternelle se révèle impuissante à remplir
« ses fonctions, il faut l'écarter comme un rouage
« inutile et confier à la société la tâche éducatrice
« dont la famille s'acquitte ordinairement. » Là
nous nous heurterons à des objections de budget.
Eh bien ! que l'on comprenne qu'il y a des chapitres
à supprimer, des économies à faire, des prodigalités
fastueuses à retrancher, tant que l'on n'a pas
pourvu aux besoins les plus impérieux et les plus
pressants.

Nous manquons en France d'écoles de réforma-
tion, où les enfants perdus du quatrième état
seraient recueillis pour y être amendés, moralisés,
et pourvus d'un métier. De tous côtés on se
demande comment arrêter les progrès du vagabondage et de la mendicité. On vote des crédits considérables pour construire de vastes locaux où l'on
espère rendre bons à quelque chose, ou du moins
empêcher de nuire, des hommes parvenus à l'âge
adulte sans savoir faire œuvre de leurs dix doigts,
et paralysés par une longue accoutumance à la
paresse. Que vous feriez mieux de vous entendre
à trois ou quatre départements pour fonder une de
ces admirables *Reformatories*, dont l'Amérique vous
donnerait le modèle, et où vous apprendriez aux
enfants de mon cinquième état l'ordre, la discipline,
la nécessité du travail, l'obligation de la loi morale,
le respect de soi-même et l'amour de la patrie !


— Mesdames, Messieurs, nous ne sommes pas au
fond du gouffre. Descendons encore dans un cercle
inférieur. Arrivons à ces tristes enfants que leurs
méfaits publics amènent devant les tribunaux. Quel
que soit le jugement rendu à leur égard, on ne peut
douter qu'il n'implique la nécessité d'une tentative
d'éducation, qui sera la première, peut-être, ou

peut-être aussi la dernière, mais qui, dans tous les cas, est imposée par l'intérêt même de la société, et par un sentiment d'humanité.

Qui donnera cette éducation? Que sera-t-elle? Comment pourra-t-elle être donnée? Questions difficiles, compliquées, dont on se désintéresse généralement ; et sur lesquelles cependant je ne désespère pas de concentrer votre attention, quoique je lui aie déjà beaucoup demandé.

Il nous faut d'abord considérer la famille de l'enfant traduit en justice. A la vérité, les parents ne doivent pas toujours être tenus pour responsables des fautes commises par leurs enfants ; mais on peut croire que souvent, avec d'autres conseils, d'autres exemples, d'autres corrections, l'enfant ne serait pas tombé dans des fautes dont la gravité nécessite l'intervention des magistrats.

Le juge hésite à prononcer contre un enfant une première condamnation ; et ce sentiment l'honore. Il rend une ordonnance de non-lieu, ou il prononce un acquittement, et l'enfant est rendu à sa famille si celle-ci n'est pas notoirement discréditée. Mais des parents peuvent jouir d'une honorabilité relative, tout en étant incapables de donner à cet enfant pervers la bonne direction dont il a besoin. Peut-être même ont-ils été, sans le vouloir et sans le savoir, la cause première de tout le mal. C'est un autre trou dans notre législation. Ces malheureux enfants et leurs familles devraient être l'objet d'une surveillance spéciale ; et le juge de paix semble encore tout désigné pour ce rôle. On objecte que les juges de paix sont déjà surchargés d'attributions. Eh bien, que l'on s'adresse aux sous-préfets !

Ou que l'on imite l'Allemagne, où le *tribunal de tutelle* exerce précisément dans les familles où cela est nécessaire un contrôle permanent au nom do l'État (1). Il est vrai que ce tribunal se compose d'un seul juge, et que c'est encore le juge de paix, *Armstrichter !* Mais on pourrait aussi déléguer cette surveillance à des Sociétés protectrices de l'enfance, comme on le proposait dernièrement dans une séance du Comité de Défense des enfants traduits en justice, à Paris ; et l'on citait à ce propos l'exemple de la Société anglaise pour prévenir les cruautés envers les enfants *(National Society preventing cruelty to Children)*, qui a des inspecteurs chargés de pénétrer dans les familles et de signaler les enfants en danger moral.

Enfin il y a là des progrès à faire et nous devions en indiquer l'urgence dans cette étude.

Nous avons à considérer maintenant le cas, malheureusement trop commun, où l'enfant traduit en justice ne peut être remis à ses parents, même s'il n'est pas jugé coupable, parce que ses parents sont la cause indirecte, sinon les instigateurs du délit poursuivi. Mesdames, Messieurs, la situation de ces pauvres enfants a particulièrement ému ceux qui s'intéressent au patronage des condamnés libérés. De tous côtés il s'est formé des Sociétés de protection de l'enfance en danger moral, ou des Comités de défense des enfants traduits en justice. Les deux organisations, quoiqu'un peu différentes, concourent au même but : le sauvetage de l'enfance. Des Comités de défense existent à Paris, à Marseille, à Toulouse, à Grenoble, à Orléans, à Caen, à Rouen, au Havre, à Lille. Vous n'avez rien à envier à ces grandes villes sous ce rapport. Vous avez une Société protectrice de l'enfance, qui fonctionne avec beaucoup d'entrain, et qui agit autant, dans sa petite

(1) Art. 1.546 du nouveau Code Civil, cité par M. H. JOLLY. Bulletin de l'Union des Sociétés de patronage 1901, n° 1, p. 59.

sphère, que ces grands comités. J'en donnerai
bientôt les preuves dans une autre enceinte.

En principe, les Comités de défense se proposent
d'attirer l'attention des juges sur les dangers qu'il y
aurait pour l'enfant à être remis à des parents dont
la moralité et les aptitudes à l'éducation sont sus-
pectes. Ils s'attachent en outre à dissiper la défiance
qu'inspire aux magistrats eux-mêmes l'envoi en
correction, et à faire appliquer l'article 66 du Code
pénal, ainsi conçu : « Lorsque l'accusé aura moins
« de seize ans, s'il est décidé qu'il a agi *sans discer-*
« *nement*, il sera acquitté ; mais il sera, selon les
« circonstances, remis à ses parents, ou conduit
« dans une maison de correction, pour y être élevé
« et détenu pendant tel nombre d'années que le
« jugement déterminera, et qui toutefois ne pourra
« excéder l'époque où il aura accompli sa vingtième
« année. » C'est cet envoi en correction que récla-
ment les Comités de défense, quand la famille
n'offre pas les garanties nécessaires. J'insiste sur ce
point, parce que les maisons de correction sont, je
crois, l'objet d'une répugnance que, paraît-il, elles
ne méritent pas. Toutefois, on reconnaît qu'elles
devraient être améliorées de telle façon que l'on pût
y éviter le mélange des enfants pervertis avec d'autres qui sont à peine des coupables.

Ici, nous demandons plus volontiers l'application
d'une loi excellente, pourvu qu'elle soit complétée,
par une jurisprudence indispensable : autrement
elle demeure sans effet. Je veux parler de la loi du
19 avril 1898, qui donne au juge le pouvoir de confier à une personne ou à une œuvre charitable le
mineur qui n'a commis qu'un léger méfait. Je me
souviens que nous accueillîmes avec des transports
de joie la promulgation de cette loi. Mais nous ne
tardâmes pas à nous apercevoir qu'elle aussi était

incomplète. Nos jeunes patronnés prenaient sans façon la clé des champs, rentraient tout droit au bercail d'où l'on avait voulu les tirer, et comme l'autorité du père était demeurée intacte, tant qu'ils n'avaient pas commis de nouveau délit, ils étaient libres comme l'air.

Le perfectionnement de cette loi est toujours à l'étude. La *Société de protection de l'Enfance en danger moral*, dont le siège est à Laval, pressée d'aboutir à des solutions pratiques, a eu le bonheur d'obtenir trois jugements des tribunaux de Château-Gontier, de Mayenne et de Laval, plus un arrêt de la Cour d'assises de la Mayenne, qui font, en la matière, notre petite jurisprudence locale, en attendant qu'ils se soient imposés dans un rayon plus étendu. Déjà, ils ont acquis droit de cité chez Dalloz, où vous pourrez les trouver. Voici leur ingénieux dispositif. Quatre enfants ont été confiés à notre Société, qui se charge de les élever tant qu'elle en sera capable : le jour où, pour un motif ou pour un autre, cette éducation ne pourrait être continuée, ces enfants entreraient d'office dans une maison de correction. Voyez-vous l'avantage de cette clause ? Elle place l'enfant sous notre complète dépendance, sans que le père puisse nous l'enlever, et sans, toutefois, que l'on ait eu besoin de déclarer la déchéance de l'autorité paternelle. En outre, l'envoi en correction est une menace continuelle qui met l'enfant en demeure de nous donner satisfaction, c'est-à-dire de profiter de l'éducation à laquelle il est soumis.

Quand cette pratique sera devenue constante en France, il restera encore une chose importante à faire. Les orphelinats où nous plaçons nos enfants, faute de maisons de réforme spéciales, coûtent cher, et n'admettent les enfants que jusqu'à l'âge de quatorze ans. Il faudrait donc d'abord fonder des

maisons pour les mineurs de quatorze à dix-huit
ans. Il serait à souhaiter ensuite que l'État voulût
bien allouer aux sociétés charitables qui recueillent
un enfant pour lui épargner la maison de correction, une indemnité équivalente au prix de la pension que lui, État, aurait dû payer pour ce même
enfant, si on l'avait abandonné à sa destination
naturelle.

Il est enfin des cas où la gravité de la faute, la
perversion des sentiments, l'obstination dans le mal
ne permettent pas d'espérer l'amendement du cri-
minel précoce, sinon par l'application d'un régime
particulièrement sévère : et c'est le dernier cercle
qu'il nous reste à visiter : celui de la maison de
correction.

J'en dirai peu de choses : c'est un sujet où la controverse s'est beaucoup exercée. Un roman, qui a
fait du bruit il y a quelques années, présentait au
public une sombre peinture de ces « *bagnes* » de la
jeunesse. Une étude critique publiée dans la *Revue
des Questions pénitentiaires* répondit à la thèse du
romancier (1). Je me déclare incompétent pour prononcer entre les deux partis. Tout ce que je puis
dire, d'après mon expérience, c'est qu'il y a, même
parmi les enfants, des natures si profondément
scélérates qu'on demeure confondu devant leur
cynisme et leur méchanceté ; — que ce n'est point
alors le moment de s'abandonner à une sensibilité
faible et impuissante ; — qu'il faut agir par la crainte
quand on a épuisé toutes les ressources de la per-
suasion et du sentiment ; qu'il y va même du repos
et de la sécurité publique que certains jeunes che-
napans soient solidement enfermés ; — et qu'enfin

(1) *Revue des Questions pénitentiaires*, décembre 1896, p. 143.

leur orgueil démesuré jusqu'à l'inconscience doit être brisé par une règle de fer. On ne se figure pas ce que sont ces jeunes criminels, quand on ne les a pas approchés. Les personnes sensibles, qui ne doutent de rien souvent parce qu'elles n'ont pas vu grand'chose, nous accuseront de dureté, de cruauté, que sais-je? de jansénisme peut-être. Nous sommes habitué à ces reproches, et pour tout dire, nous n'en sommes pas ému. Nous savons qu'il y a une philanthropie systématique très en faveur dans un certain monde, et par laquelle on se fait aisément un renom de grande libéralité. Il est vrai que parfois, ces mêmes esprits, si pleins de bienveillance pour les pires coupables, n'ont pas assez de sévérités et de rigueurs contre ceux qui donnent journellement au monde l'appoint d'une charité sans limite et d'un dévouement sans lequel le monde ne saurait subsister une heure.

Laissons ces philanthropes de réunions publiques à leur philanthrophie théorique, et disons hardiment qu'il y a une enfance exécrable dont on ne peut venir à bout que par une discipline terrible. J'ajouterai tout de suite que cette terreur elle-même me paraît devoir être impuissante si elle n'est pas accompagnée d'une bienveillance attentive, toujours prête à se montrer au moindre signe de repentir. Il faut que l'enfant se sente aimé dès qu'il le mérite, et que ses premières larmes soient séchées par une caresse.

Quant à son instruction, il me semble qu'elle ne peut être qu'une instruction toute professionnelle, et je n'aurais qu'à répéter ici ce que j'ai dit sur l'école de la prison.

Mais je dois ajouter qu'à un âge où d'ordinaire l'esprit n'est pas très profondément endommagé par les négations d'une philosophie dissolvante, il

est temps encore de donner un enseignement moral
où la notion du devoir revête une forme un peu
plus saisissante que celle d'une quintessence d'abs-
traction.

Ici plus que partout ailleurs il est urgent de poser
le problème de la vie future, à condition d'aboutir
à la solution chrétienne des récompenses et des
châtiments inévitables. Car, si l'on devait seulement
laisser soupçonner à ces enfants pervers que tout
finit avec le dernier souffle et qu'ils ne relèvent eux-
mêmes que des tribunaux de la terre et de leur
conscience, mieux vaudrait les remettre à la liberté
des champs, les abandonner aux hasards de leurs
inspirations : au moins ils ne pourraient pas accuser
d'hypocrisie et de lâcheté un système d'éducation
qui, faute de mieux, eût voulu leur faire prendre
pour une loi morale ce qui n'était que le règlement
administratif d'une compagnie générale d'assu-
rances contre le vol, le meurtre et l'incendie.

*<br>* *

MESDAMES, MESSIEURS,

Nous avons descendu ensemble tous les degrés de
ce purgatoire où la société humaine essaie de refon-
dre les âmes mal venues. Remontons à la pure
lumière du ciel libre, et revenons au monde dans
lequel nous vivons. Vous y retrouverez ces œuvres
de patronage que je vous ai signalées quand nous
avons commencé à rencontrer des enfants que ne
protège pas assez le cercle de la famille. Je voudrais ici vous intéresser à ces institutions si vraiment
sociales.

Le patronage n'est, lui aussi, qu'une forme de
l'éducation, mais à laquelle nous sommes tous

capables de collaborer, parce qu'elle exige toutes
sortes de sacrifices et de dévoûments. Vous avez vu
le patronage faire son apparition dans la classe
ouvrière, où il complète l'œuvre forcément impar-
faite de la famille et de l'école. Dans cette dernière
et basse catégorie où tombent les déchets de la
société, et où vous n'avez pas craint d'abaisser vos
regards, parce que quelque chose d'humain s'y meut
encore, le patronage prend une importance capitale.
Succédané de l'école, de la famille et de l'État, qu'il
représente tout ensemble, grâce à l'investiture de
lois intelligentes et éclairées, il accomplit là une
œuvre d'éducation qui est d'un prix singulier, parce
qu'elle est à la fois un sauvetage moral et une pré-
servation sociale.

Chacun de nous est intéressé, disons mieux,
engagé dans cette œuvre de l'éducation intégrale,
universelle. Nous ne pouvons plus nous abstraire
du monde où nous vivons ; la société des autres
hommes nous entraîne, et nous mêmes la faisons
tourner, comme si vraiment nous n'en étions que
des engrenages. Nous collaborons tous à l'éducation publique par les exemples que nous donnons,
par les doctrines que nous professons. Dans un peuple libre, c'est le noble et redoutable privilége de la
liberté de contribuer à ses propres destinées ; arbitre
du bien et du mal qui choisit entre les deux, à ses
risques et périls, sans pouvoir être contrainte par
aucune autorité humaine. « Voyons, disait naguère,
« un haut magistrat de ce pays, voyons si nous ne
« sommes pas responsables dans une certaine
« mesure de la faute de ceux qui succombent. « Il
« est, dit Feuchtersleben, une sorte d'atmosphère
« morale qui enveloppe la terre, comme l'atmos-
« phère extérieure : il s'y fait un flux et un reflux
« de pensées, de sentiments, d'idées qui flottent dans

« l'air, invisibles, que l'homme respire et s'assimile
« sans y prendre garde. » Or combien de ces idées
« sont mauvaises et proviennent de nous, les purs !
« les privilégiés ! que de consciences nous faussons
« par notre conduite, nos paroles inconsidérées, nos
« mœurs publiques, nos tendances, nos livres, nos
« journaux, etc. ! Que d'autres nous pourrions et
« nous devrions éclairer au moyen d'une éducation
« mieux ordonnée et moins systématique ! Que
« d'autres encore seraient sauvegardées par une
« législation plus sage et plus prévoyante, ou par
« une police plus attentive ! Hélas ! nous sommes
« tous solidaires des fautes qui se commettent, et le
« mal qui en résulte ne doit laisser personne indiffé-
« rent (1). »

En terminant ces conférences sur l'éducation des
garçons dans la démocratie, où votre attention n'a
eu d'égale que votre bienveillance, je me réjouis
d'avoir réussi à lier dans un seul faisceau tous les
éléments de notre éducation nationale. Je me réjouis
surtout si j'ai pu faire sentir comme je la sens
l'union intime qui existe entre ces trois choses :
instruction, éducation et patronage. Pourtant il
manque encore toute une partie à cette étude.
J.-J. Rousseau, après avoir consacré quatre livres
de son *Emile* à décrire l'éducation du jeune homme,
a jugé opportun d'en ajouter un cinquième pour
l'éducation de la femme. Il me semble que c'est
bien peu. Ne serait-ce que pour la symétrie, je
voudrais traiter de l'*Éducation des filles dans la
Démocratie* avec autant de développement que j'en
aurais donné à celle des garçons....

Mais cette entreprise dépasse ma compétence. Je

(1) Rapport présenté au Congrès international de Patronage des
libérés, de 1900, à Paris, par M. HELME, président de Chambre à la
Cour d'Appel de Chambéry.

sais ici-même quelqu'un qui, mieux que personne, pourrait nous dire ce qui se fait, et ce qui pourrait se faire de mieux encore dans tous les rangs de la société pour l'éducation des filles. Je lui passe le corbeillon. J'y ai mis l'éducation des garçons : qu'elle y mette celle des filles, et, pour sa pénitence, nous l'applaudirons.

Nous n'avons pas la prétention, dans ces conférences, de réformer la société. Mais notre programme, pour être plus modeste n'en est pas moins généreux ni moins utile. Tous ici, et ceux qui parlent, et ceux qui écoutent, apportent leur contribution au progrès. Très simplement, au grand jour, et sans faire de mystère autour de notre doctrine, nous examinons le mal social, c'est-à-dire, en toute humilité, nous nous examinons nous-mêmes. Nous voulons reconnaître d'où proviennent les misères dont souffre le monde et chercher les remèdes, s'il y en a. Nous pensons que notre recherche, pour être fructueuse, doit avant tout être impartiale, et nous nous dégageons de tout esprit de caste et, comme on dit, de tout particularisme : parce que, à n'envisager ces questions sociales, si complexes et si confuses, que d'un seul et immuable point de vue, on risque de n'y apercevoir que ce qui heurte d'abord les sentiments de ceux au milieu de qui l'on se range ; et certes, c'est déjà une réalité ; mais ce n'est pas toute la réalité. La société tout entière n'est pas faite pour quelques privilégiés ; et si intéressante que soit une fraction quelconque du peuple, elle ne peut pas avoir le privilège de retenir indéfiniment toute l'attention, d'absorber en elle-même et pour elle-même les forces vives de toute la nation.

Les souffrances du petit peuple sont grandes et dignes de toute notre sympathie. Il y a beaucoup à

faire pour réparer les iniquités dont il est la victime ; et nous sommes de ceux qui considèrent
comme un devoir de dénoncer cette injuste répartition des richesses qui donne aux uns une surabon-
dance insensée, et laisse les autres soutenir dans
le dénuement tout le poids du jour. Oui, certes, une
injustice révoltante règne sur la société humaine :
mais ce n'est pas par des révolutions que l'on triom-
phera de l'injustice. Les révolutions ne sont que de
brusques revirements où des passions se substi-
tuent par la violence à d'autres passions. Rien de
durable ne se fonde sur la violence et sur la passion ; parce que la passion n'est qu'une émotion
passagère, inconstante et fantasque ; et la violence
« n'a qu'un corps borné, » comme dit notre immor-
tel Pascal. Que peuvent donc attendre encore des
révolutions ceux qui ont été si souvent déçus par
elles ? Certes, nous ne pourrions pas contester sans
ingratitude tout ce que nos arrière-grands-pères
ont fait pour nous, de 1789 à 1793. Ils ont brisé les
servitudes de l'ancien régime ; ils ont revendiqué
les droits méconnus de l'homme et du citoyen ; et,
par dessus tout, ils ont donné au peuple une
noblesse toute nouvelle en assumant pour lui l'honneur de se conduire lui-même vers ses destinées. Et
plût à Dieu que leurs généreuses ambitions fussent
passées à des successeurs capables de les comprendre et de les réaliser ! Mais à peine avaient-ils
décrété la liberté, l'égalité, la fraternité, dans un
élan d'amour et d'enthousiasme, que la liberté
devenait le jouet des partis ; l'égalité était éclipsée
par de nouvelles chamarrures ; et quant à la fraternité, elle ne tenait pas davantage, devant le délire
qui nous pousse à nous égorger les uns les autres,
périodiquement. Encore une fois, la Révolution
française a beaucoup fait pour le tiers état : elle

a réalisé le programme de l'abbé comte de Sieyès. Mais le tiers état ne doit pas être *tout*. Il y a un quatrième état qui compte aussi pour quelque chose, et qui voudrait bien aussi devenir *tout* à son tour. Le tiers état a remis à son profit toutes choses comme elles étaient avant la Révolution, sauf quelques petites concessions nécessaires ; ce grand et beau mouvement populaire a tourné au bénéfice de la bourgeoisie. Le *Quatrième* juge que son heure est venue : craignez qu'il ne fasse de la bourgeoisie ce qu'elle fit elle-même de la noblesse et du clergé. Puis, d'autres appétits s'éveilleront, qui emporteront le socialisme avec ses revendications et ses panacées. Jeté à la surface du monde par une explosion de rancœurs, sous la poussée des passions, pourquoi aurait-il plus de durée que tous les autres régimes nés dans les convulsions de l'humanité ?

Non, non ! Ce n'est pas ainsi que s'établissent les inusables degrés par où la civilisation monte de siècle en siècle, à travers des régions de plus en plus pures, vers son idéal éternel. Le progrès des sociétés est un mouvement lent, mais sûr, et réglé d'après la marche de l'esprit humain lui-même. La nature ne procède pas par bonds et par sauts. De même que les races se modifient lentement, mais sûrement, pour s'adapter aux nouvelles conditions de leur habitat, de même les idées de l'homme évoluent peu à peu vers un bien toujours supérieur, et l'institution sociale s'améliore à mesure que l'esprit s'élève.

Élever l'esprit, voilà donc la grande affaire, pour un peuple conscient et raisonnable ; et c'est l'affaire de l'éducation. L'éducation doit préparer les jeunes hommes aux rôles qu'ils auront à jouer dans la cité, Ces rôles sont variés et ne sauraient être distribués au hasard. Ni la naissance ni la fortune ne sont des titres suffisants pour l'attribution des premiers rôles. La culture générale de l'intelligence, l'élévation du cœur, la trempe de la volonté doivent seules désigner les protagonistes, ceux qui conduiront l'action et prendront les premiers la parole. Au reste, cette jeunesse d'élite, nous n'estimons pas qu'elle soit le produit exclusif de telle ou telle classe. La nature se plaît à tourner et à retourner la masse humaine comme pour confondre nos prétentions et déjouer les calculs de nos intérêts personnels. Le règne de la justice ne sera établi que le jour où, résolus à exiger que chacun soit à la place qui lui convient exactement, les hommes sauront prendre le mérite partout où il se trouve, pour le mettre où il doit être, et ne craindront pas de faire rétrograder ceux qui encombrent au premier rang, font piétiner, gênent la marche, quand ils ne l'égarent pas.

Telle est donc en définitive l'idée que nous nous sommes faite de l'éducation des garçons dans la démocratie : elle doit être exactement appropriée aux besoins de la république et agencée assez ingénieusement pour assurer la réalisation et la répartition des valeurs interchangeables disséminées dans la masse des générations nouvelles. Enfin, nous voudrions avoir établi que l'éducation des garçons, dans notre société démocratique, n'est plus comme autrefois une affaire exclusivement privée où l'amour-propre et l'intérêt personnel peuvent agir à leur guise ; c'est aussi une affaire publique, et dans un grand pays comme le nôtre, c'est une affaire humaine : l'éducation, c'est la gestation de l'avenir.

Imprimerie Goupil, Laval.

Documents manquants (pages, cahiers...)
NF Z 43-120-13